相手を
思いどおりに
操る4つの力

苦手な人を消してしまえる禁断の気質学

株式会社オードリー
コーポレーション代表取締役
井上由美

楓書店

詳しくは本文の 36 ページ以降をお読みください。

㉗ 下の写真４枚に好きな順番に記号を入れてください。

A

B

C

D

□ → □ → □ → □

㉘ 下の写真４枚に好きな順番に記号を入れてください。

A

B

C

D

□ → □ → □ → □

㉙ 下のイラスト４枚に好きな順番に記号を入れてください。

A

B

C

D

□ → □ → □ → □

㉚ 下のイラスト４枚に好きな順番に記号を入れてください。

A

B

C

D

□ → □ → □ → □

気質学テスト

あなたの過去や日頃の行動を振り返りながら、できるだけ素直に答えてください。１から30の質問を読み、当てはまるものは番号に○をし、27以降は□に記号を入れてください。

01 上下関係がない同窓会や食事会の時は、出入りしやすい入口近くに座ります。
02 企画のアイデアはたくさん浮かぶほうですが、計画的に整理するのは苦手です。
03 人の話は興味がなくても聞くようにしますが、実は聞き流しています。
04 自分が嫌な事や、やり方が分からないことは、人にお願いするほうです。
05 習いごとは、すぐに飽きてしまうことが多く、長続きしません。
06 話し方は早口ではありませんが、リズミカルに話すほうです。
07 細かく同じ作業を、人より長時間継続することができます。
08 気が向かなくても、遊びにしつこく誘われると、断りきれません。
09 上下関係のない食事会の席は必ず移動するため、最初の席はどこでもいいです。
10 人の理屈に合わない言動に対し、いら立ち、態度にでてしまいます。
11 ほめられるとき、大きな声や大げさにほめられるのが苦手です。
12 私の話し方は、ゆっくりで声もあまり大きくありません。
13 家で１人好きな事をしているよりも、友人と出かける方が好きです。
14 グループで何かをするときは、しばしばリーダーに選ばれます。
15 完璧主義者で、外見に関しては特に気になります。
16 遊びでも仕事でも、勝敗にこだわり、１位以外は意味がないと考えます。
17 生活リズムやスケジュールは、なるべく変えたくないです。
18 自分のことより、リーダーを務めたチームなど関わった人がほめられると嬉しいです。
19 体調が悪いときは、普段よりもネガティブに考えがちになります。
20 自分の言動に対する他人の目が、とても気になります。
21 初対面の相手でも、気がねなく連絡先を交換します。
22 習い事は辞めたくなっても、プレッシャーや義務感を感じ、なかなか辞められません。
23 参加する必要を感じない遊びの誘いは、断ります。
24 ほめてもらうときは、テンション高く、元気に「最高！」などとほめてほしいです。
25 困難があっても、それに立ち向かい乗り越えることにモチベーションが上がります。
26 友人が待ち合わせに遅れたら、イライラしますが特に何もせず、その場で待ちます。

あなたの気質チェック

それぞれ○をした番号の気質のポイントを加えてください。

01「サイレンス」 3点
02「エンジョイ」 3点
03「サイレンス」 2点
04「パーフェクト」 3点
05「エンジョイ」 1点
06「パーフェクト」 1点
07「サイレンス」 3点
08「サイレンス」 1点
09「エンジョイ」 2点
10「ウィナー」 1点
11「サイレンス」 2点
12「サイレンス」 1点
13「エンジョイ」 1点
14「ウィナー」 2点
15「パーフェクト」 2点
16「ウィナー」 3点
17「サイレンス」 2点
18「ウィナー」 2点
19「パーフェクト」 2点
20「パーフェクト」 3点
21「エンジョイ」 3点
22「パーフェクト」 1点
23「ウィナー」 1点
24「エンジョイ」 2点
25「ウィナー」 3点
26「パーフェクト」 2点

27 1番目に3点、2番目に2点、3、4番目は1点

3点 → 2点 → 1点 → 1点　A「サイレンス」 B「パーフェクト」 C「エンジョイ」 D「ウィナー」

28 1番目に3点、2番目に2点、3、4番目は1点

3点 → 2点 → 1点 → 1点　A「パーフェクト」 B「サイレンス」 C「ウィナー」 D「エンジョイ」

29 1番目に3点、2番目に2点、3、4番目は1点

3点 → 2点 → 1点 → 1点　A「パーフェクト」 B「エンジョイ」 C「ウィナー」 D「サイレンス」

30 1番目に3点、2番目に2点、3、4番目は1点

3点 → 2点 → 1点 → 1点　A「ウィナー」 B「エンジョイ」 C「パーフェクト」 D「サイレンス」

点数を確認したら、それぞれの合計点を出してみてください。

「サイレンス」	「パーフェクト」	「エンジョイ」	「ウィナー」
点	点	点	点

合計得点の最も多いものがあなたの気質となります。

相手を
思いどおりに
操る4つの力

苦手な人を
消してしまえる

禁断の
気質学《フォートロジー》

プロローグ

人を操るには、まず自分をとことん操ろう！

本当の自分を知ると、過去の未解決事件も解決する!?

「どうして、いつも人に振り回されてしまうのだろう？」

「もっと、相手の優位に立つことはできないだろうか？」

「どうして、ほめても、叱っても、いうことを聞いてくれないんだろう？」

「もっと、自分の意のままに相手を操ることはできないだろうか？」


職場や家庭など、さまざまな対人関係において、こうしたもどかしい思いに駆られたことはありませんか？

よく、「他人は変えられない」といわれるように、小手先のテクニックだけで、簡単に人を変えることはできません。

ただ、他人を変えることはできなくても、他人を操ることは可能です。

操るといっても、人の心をもてあそんだり、洗脳したりするわけではありません。

「人を思いのままに操る」とは、自分が嫌な思いを我慢したり、人とムダに争ったりすることなく、人間関係を賢くコントロールすることです。

最近はよく、「ほめて育てるのがいい」とか、「人に対する怒りをコントロールしよう」といったコミュニケーションスタイルにスポットが当たっています。

しかし、単に相手をほめたり、自分の感情をコントロールするだけでは、他人を操ることはできません。

なぜなら、まず自分自身を操れなければ、他人を操ることなど不可能だからです。

自分を操れないということは、自分のことがよくわかっていないということです。

自分を操るためには、まず本当の自分を知ることが大切なのです。

「自分のことなんて、自分が1番よくわかっているよ」

そう思われる人も多いでしょう。

しかし、そこに落とし穴が潜んでいます。

多くの人は、自分のことをわかっているつもりで、案外わかっていません。

たとえば、「自分はあまり忍耐力がない」と思っていても、つらい仕事を文句もいわずにがんばれる人もいます。

「自分は緻密で冷静なタイプ」と思い込んでいても、多忙を極めてくると、あたふたして思わぬミスを犯す人もいます。

「自分は結構プレッシャーに弱い」と思っていても、案外打たれ強く、失敗を糧に、大きく成長する人もいます。

自分の世界観だけで「自分はこういう人間だ」と勝手に自己判断していても、客観的に見ると、過大評価だったり、過小評価だったり、自己評価と他己評価は大きく違ってきます。

育った環境によっても、自分の本当の気質に気付かないまま、知らずに仮面をかぶって生きている場合もあります。

私は幼いころから一人娘として何不自由なく育てられたので、人と争うこともなく、みんなに「この子はおっとりした性格ね」といわれ、自分でもそう思っていました。

失敗を恐れる慎重派の母に育てられたので、自発性も低く、冒険もしない子でした。

しかし、高校受験に落ちた悔しさがショックで、それまでなりを潜めていた負けん気が顔を出し、積極的でチャレンジを恐れない自分にどんどん変わっていきました。

その後の人生は、おっとりと奥手だった子どものころとは180度変わり、どんな仕事でもリーダーシップを発揮するようになりました。

私の詳しい経歴については、エピローグで触れますが、こうした経験が、気質学《フォトロジー》を学ぶ1つのきっかけになりました。

もし気質学を学んでいなければ、今も自分の気質を勘違いしたままだったかもしれません。

本書では、気質学の観点から、まず本当の自分の気質を客観的に把握し、それによって自分自身の長所も短所も賢く操り、さらに他人を操る方法を具体的にご紹介します。

第1章で、私が代表を務める国際ライセンスマネージメント機構が「気質診断」をご用意いたしましたので、ぜひ受けてみてください。

それによって、本当の自分に気付き、対人関係の問題点が明確になります。

そうすれば、「そうか！　あのとき、あの人とこじれてしまったのは、こういう理由だったのか……！」と、心の奥で密かにくすぶっていた過去の人間関係の「未解決事件」

やトラウマも、どんどん解決していくはずです。

未知の自分に出会える気質学《フォートロジー》とは？

「気質学」とは、人がそれぞれ生まれ持っている気質のエネルギーです。このエネルギーは、次の4つに分類できます。

「サイレンス（Silence）」＝安心安全タイプ
「パーフェクト（Perfect）」＝完璧主義タイプ
「エンジョイ（Enjoy）」＝楽天的タイプ
「ウィナー（Winner）」＝勝敗こだわりタイプ

4つのエネルギーの詳細は第1章で詳しくご説明しますが、この4つのパワーバランスによって、その人らしさ（行動形態）がつくられています。

「人の気質は変らない」とよくいわれますが、「おぎゃあ」と誕生したときから死ぬまで、

パーフェクトタイプ
SPEW

サイレンスタイプ
SPEW

エンジョイタイプ
SPEW

ウィナータイプ
SPEW

４つの各エネルギータンクの割合は、人によって決まっています。

たとえば、親が「ウィナーのエネルギーの大きい子に育てよう」と教育しても、本人が「もっとパーフェクトのエネルギーが強い人になりたい」と努力しても、**後天的に変えられるものではありません。**

疲れたときは、エネルギー量も一時的に下がりますが、眠れば体力が回復するように、減ったエネルギーも自然にチャージされます。

遺伝とは異なるので、親兄弟でもエネルギーのパワーバランスは、それぞれまったく異なります。

統計的に、どれか1つのエネルギーに極端に偏っている人はまれで、基本的に、どのエネルギーも大なり小なり持ち合わせている人がほとんどです。

ただ、そのバランスは千差万別なので、コミュニケーションもそれだけ複雑になります。すぐに意気投合して、かけがえのない友人同士になったり、上下関係を超えて親密になれる人もいれば、何度会っても苦手な人がいるのは、当然のことです。

やみくもに「相手が悪い！」と決めつけたり、「私が悪い」と自己嫌悪に陥る必要はまったくないのです。

「そうか、自分はこのエネルギーが足りないから、あの人と合わなかったのか」

「あの人は、このエネルギーが少ないから、私がカバーしてあげればいいんだ」

自分と相手のエネルギーのパワーバランスの違いがわかると、今まで相手に対してなんとなくモヤモヤとわだかまっていた気持ちがすっきりして、相手に対して今までより寛容になれます。

SNSのやりとりにも、気質の違いがズバリ表れる

「気質が違うと、具体的に何がどう違ってくるの？」

そんな疑問をお持ちの方に、4つのエネルギーが特化した気質の違いを、サイレンスタイプのSさん、パーフェクトタイプのPさん、エンジョイタイプのEさん、ウィナータイプのWさんの4人のLINEのやりとりを例にご説明します。

E「ねえ、週末の飲み会、どうする？」
W「Eさん、宴会部長でしょ。幹事お願いしていい？」

E「いいよ～☆」

W「SさんとPさんはどう?」

S「いいと思います」

P「でも、金曜日って、混んでない?」

W「金曜日でも混んでない店、誰か知ってる?」

E「駅ビルにオープンしたての〇〇店なら、いけるんじゃない?」

S「△△チェーンの居酒屋は席数が多くてリーズナブルです」

P「居酒屋は料理がね……。2丁目の路地裏にあるフレンチのビストロは?」

W「2丁目は遠いね。駅に近いほうが便利でしょ」

E「〇〇店は、開店記念でビールの無料券付きみたい!」

W「じゃあ、駅ビルの〇〇店でいい?」

S「いいと思います」

P「ビールよりワインがいいな。でも了解です」

W「じゃあ決定ね。あとは宴会部長よろしく!」

E「は～い‼ 超楽しみ～♪」

一見、仲間同士の他愛もないＬＩＮＥの会話ですが、実はここに４タイプの気質の違いが如実に表れています。

サイレンスタイプのＳさんは、波風を立てたくないので、従順にふるまい、よけいなことはいいません。店も万人向けの安価で無難なところを提案します。このタイプは実はこだわりがあっても自己主張せず、みんなの総意を優先します。

パーフェクトタイプのＰさんは、心配性で悲観的なので、「でも」が口癖です。店はアクセスよりおしゃれさ優先で、週末のガヤガヤした雰囲気や、大衆居酒屋は好みません。ただ、プレッシャーに弱いので、最後は折れています。

エンジョイタイプのＥさんは、お調子者なので、二つ返事で幹事役を受けます。このタイプは情報通なので、新しい店もよく知っています。ノリはいいけれど、後で自分のいったことを忘れたり、店の情報が間違っていたり、ちょっといいかげんです。

ウィナータイプのＷさんは、仕切り屋ですが、面倒なことは人に任せたいので、幹事役を巧みに振っています。効率を優先するので、店選びはアクセスのよさを重視しています。

このタイプは、行く必要がない誘いは、既読スルーします。

このように、普段、私たちがSNSなどで何気なくやりとりしている会話にも、それぞれの気質が色濃くにじみ出ているのです。

仲間と何かを決めるとき、基本的にみんな「嫌われたくない」という思いがベースにありますが、そのスタンスは4者4様です。

Sさんは、目立ったことをして嫌われたくないので和を乱しません。

Pさんは、自分は特別なので、嫌われるべきではないと思っています。

Eさんは、嫌われても、まともにとり合いません。

Wさんは、嫌われたくないけど、目的達成のためには、嫌われても仕方ないと考えます。

自分の「嫌われたくない」は、他人の「嫌われたくない」と違うので、アプローチを誤ると、日常会話を交わしているだけなのに、知らないうちに嫌われてしまう可能性もあります。

気質学を知ることで、日常のさりげない会話の端々から、相手の気質もおのずとわかってきて、よりスムーズなコミュニケーションが可能になるのです。

気質がわかれば、人間関係、仕事、恋愛も思いのままに！

気質学は、占星術や四柱推命のような占いではありません。

ベースになっているのは、**ヒューマンアセスメントの理論です。ヒューマンアセスメントとは、個人の情報を収集・分析し、さまざまな課題を把握するために、「パーソナリティと行動特性」および各種の「適性診断」を提案するシステムの総称です。**

この理論の背景にあるのは、個々人に最も似合う色グループを見つけるパーソナルカラーが基になります。

そこから特化して、個人の個性を分析し、行動形態から個性のグループを大きく4タイプに分け、さらに16タイプに細かく分類した方法論が気質学なのです。

4タイプの分類の元になっているのは、「医学の父」といわれる古代ギリシアの医師ヒポクラテスが唱えた「四体液説」と、ドイツの造形学校バウハウスの色彩学者ヨハネス・イッテンの色彩論「主観的色彩特性」です。

気質学をベースにした研修は、企業や学校でさまざまな成果を上げています。

近年、多くの企業では、社内の人間関係でストレスを抱えている人が増えています。

自分の考えと、相手の思考にズレが生じたときに、人はストレスを覚えます。

「ズレを少なくしよう」と自分を押し殺すと、さらにストレスが増してしまう負の連鎖が

起こります。
　気質学を知ることで、自分の気質を理解して、自分を操れるようになれば、相手のタイプに適した対応を自然にとれるようになるので、ストレスも軽減します。
　ストレスがなくなれば、ひとりひとりが伸び伸びと能力を発揮できるようになります。実際に、気質学の研修を受けたことで、社員のパフォーマンス力やプレゼンテーション力がアップした企業も少なくありません。
　また、今の若者は、ＬＩＮＥやツイッターなどのＳＮＳや、バーチャルリアリティのゲームなどが当たり前の環境で育ってきているデジタルネイティブ世代なので、人間同士のリアルなコミュニケーションが未熟です。

しかし、それでは社会に出て仕事をするうえでさまざまな問題が生じます。

そこで、専門学校の学生さんに、気質を理解して、対人関係の改善を図る講義を行ったところ、引っ込み思案だった学生さんが積極的に話すようになるなど、コミュニケーション能力の改善に大きな成果が見られました。

不特定多数のコミュニケーションだけでなく、夫婦関係、親子関係、恋人関係、友人関係など、パーソナルな人間関係の向上にも気質学は絶大な効果を発揮します。


「えっ、まさか自分にこんな意外な気質が隠れていたなんて！」

「そうか、だからあの人とうまくいかなかったのか！」

「なるほど、これで自分の意見をうまく通せるな」

「へえ、主導権を握るにはこうすればいいのか！」

「よし、こうすれば敵の心をつかんで味方にできるぞ！」


この本の中には、そんな気付きやうれしい発見がたくさんあるはずです。

人間関係がうまくいかずに悩んでいた人も、今よりもっと豊かな人脈を築いていきたいと考えている人も、ぜひ気質学を活用して、自分の思いのままのコミュニケーションを操れる達人になってください。

もくじ

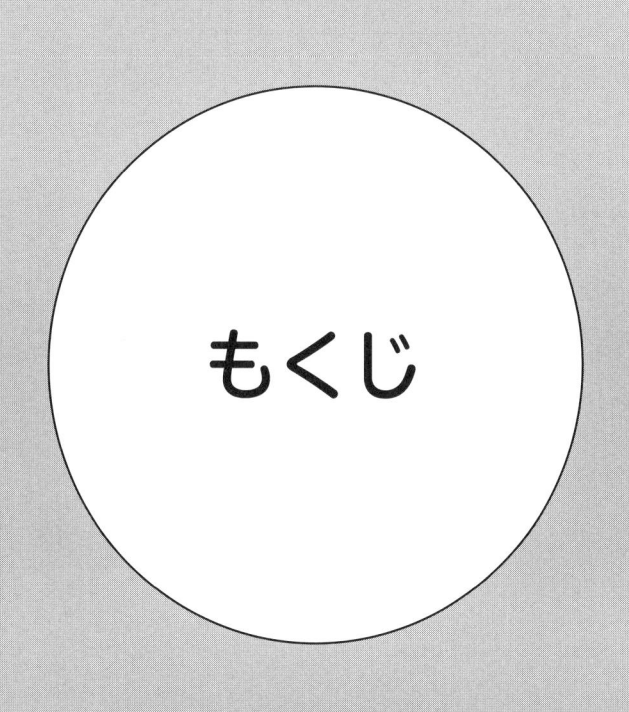

第2章　タイプによってこんなに異なる！　～シチュエーション別に見る気質の違い～　49

第5章　気質学を「恋愛」に活かす　137

第 1 章

あなたの気質は何タイプ？

～気質の見分け方～

戦国武将に見る4つの気質

第1章では、気質学による4つのタイプの違いについてご説明します。

実は、「サイレンスタイプ」「パーフェクトタイプ」「エンジョイタイプ」「ウィナータイプ」という4つのタイプは、日本人なら誰もが知っている有名な戦国武将たちの気質と合致します。

●サイレンスタイプ

サイレンスタイプの典型は、徳川家康です。「鳴かぬなら　鳴くまで待とう　ホトトギス」に象徴されるように、若いころは不遇でしたが、最終的に戦乱の世を終わらせ、250年以上にわたって続いた平和な江戸時代の礎を築きました。

このタイプは、用意周到で、傾聴力に優れていますが、その場に波風を立てないことが最優先なので、実はしれっと聞き流している場合があります。

保守的で頑固、新しい環境に適応するのが遅く、変化を好みません。

動作はゆったりしており、控えめで穏やかな印象です。

話し方も静かで、安心感を与えますが、冷酷な面があり、ムッとすると、反論して攻撃するのではなく、黙り込んでしまいます。

●パーフェクトタイプ

パーフェクトタイプの典型は、明智光秀です。「鳴かぬなら　私が鳴こう　ホトトギス」に象徴されるように、**心配性で、悲観的な傾向が強く、人につくしますが、ものごとを自分本位でとらえがちです。**このタイプは、完璧主義者で、人知れず努力し、いい働きをしますが、それをきちんと評価されないと、いじけて逆恨みをします。彼は織田信長の有能な家臣でしたが、信長を裏切って天下を獲れませんでした。

話し方は旋律的で、あまり論理的ではありません。

動作や立ち姿に上品さがあり、クールで印象的な雰囲気を持っています。

美意識が高く、センスも抜群ですが、人の目を気にしがちで、プレッシャーに弱い傾向があります。

●エンジョイタイプ

エンジョイタイプの典型は、豊臣秀吉です。「鳴かぬなら　鳴かせてみせよう　ホトトギス」に象徴されるように、発想力やアイデアが豊かです。

好奇心旺盛ですが、刹那的で長期計画が苦手です。

上下関係をまったく気にしない楽天的な情熱家なので、下位の人とも仲よくでき、上位の人にもものおじせず接します。人に頭を下げることも平気です。

ユーモアのセンスがあり、子どものように、楽しいことや、きらきらしたカラフルなものが大好きです。

見た目も意気揚々と活気があり、動作も素早く、興奮したときは早口になります。

頭の回転が速く、饒舌で、機転が利きますが、よく考えずに話します。

●ウィナータイプ

ウィナータイプの典型は、織田信長です。「鳴かぬなら　殺してしまえ　ホトトギス」に象徴されるように、即決即断で、実行力が高いので、戦国時代に目覚ましい勢いで天下を獲りました。

リーダーシップがあるので、「オレに着いてこい！」と、トップに立って人を統率し、決めたことは責任を持って最後までやり抜きます。計画性があり、組織を管理する能力も優れています。

見た目はいつも堂々としており、威厳があるので、付き合いにくい印象です。

理論に長けた自信家なので、自説を曲げず、人の意見を素直に受け入れませんが、面倒見がよく、おせっかいです。

日本人は何タイプが1番多い？

「私はどっちかっていうと安心安全な家康のサイレンスタイプかなあ」
「自分は完璧主義だから、光秀のパーフェクトタイプに近いな」
「私は楽しいのが好きだから、秀吉のエンジョイタイプっぽいかも」
「オレはバリバリの負けず嫌いだから、信長のウィナータイプだな」

４タイプのエネルギーの特徴から、自分はどのタイプに近いのか、なんとなくおわかりになった人も多いのではないかと思います。

パーフェクトタイプ
明智光秀
サイレンスタイプ
徳川家康
エンジョイタイプ
豊臣秀吉
ウィナータイプ
織田信長

この4タイプのどれか1つに極端に偏っている人は少なく、多くの人は、どのタイプのエネルギーも大なり小なり持ち合わせています。**どの人の中にも、家康、光秀、秀吉、信長が存在しているのです。**大きな家康、小さな家康、あるいは大きな信長、小さな信長……自分の中にいろいろな大きさの武将たちが同居して、脳内会議をしている様子を思い浮かべると、わかりやすいかもしれません。

4つのエネルギーの割合は、プロローグでもお話しした通り、持って生まれたものなので一生変わりません。

4つのエネルギーは、次の図のような位置関係になっており、**縦軸で見ると、サイレンスタイプとパーフェクトタイプは、「守備的」で、エンジョイタイプとウィナータイプは、「攻撃的」です。**

横軸で見ると、サイレンスタイプとウィナータイプは「思考的」で、パーフェクトタイプとエンジョイタイプは「感情的」です。

国際ライセンスマネージメント機構の統計では、**日本人の6～7割は、サイレンスタイプとパーフェクトタイプです。**

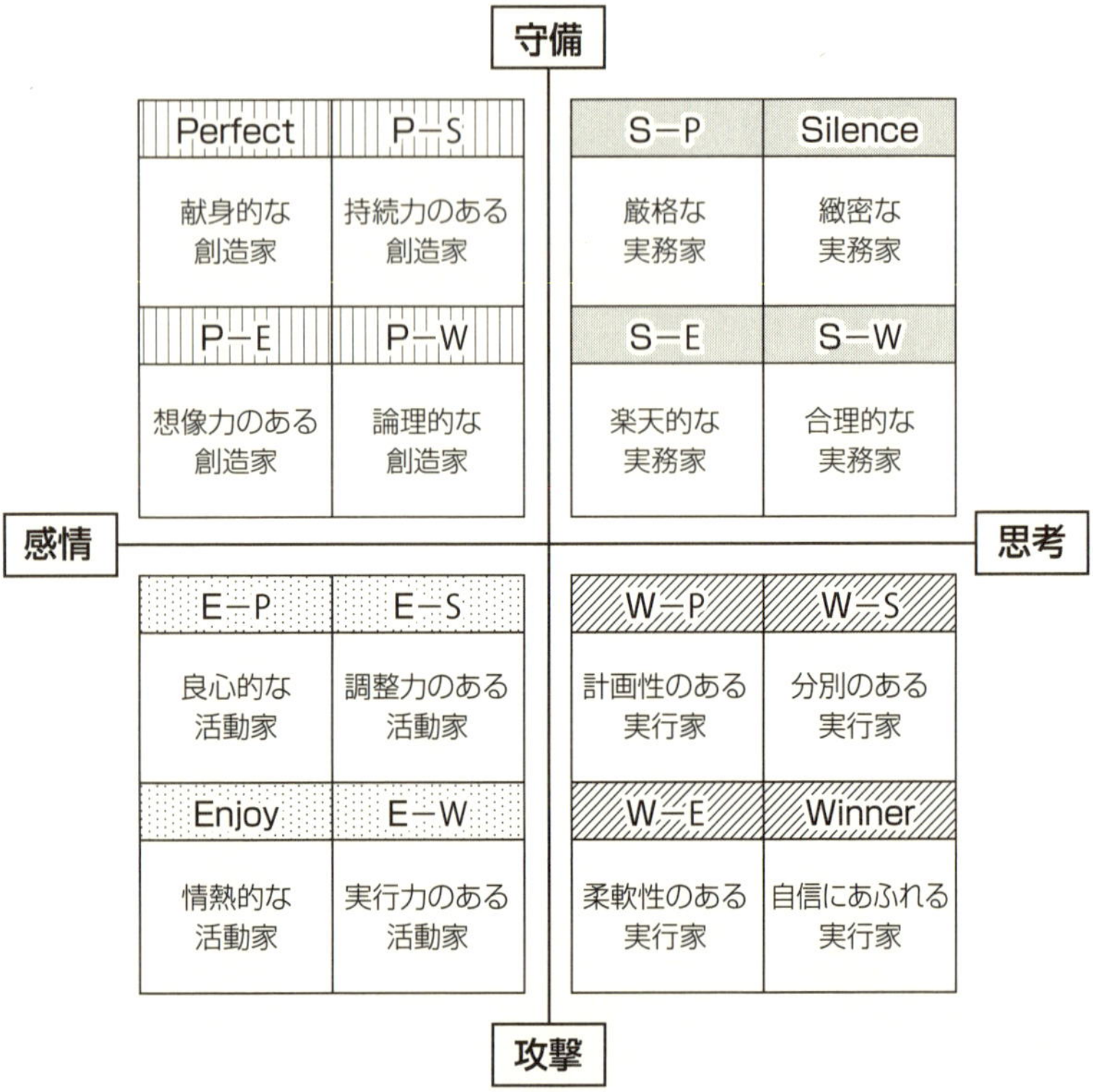

S ＝Silence
P ＝Perfect
E ＝Enjoy
W＝Winner

よく日本人はまじめで堅実な国民であるとか、ものづくりにおいて完成度が非常に高いといわれますが、安心安全を重視し、完璧を目指す気質が多いことと関係があるのではないでしょうか。

古来より日本の社会では、「和」を尊び、「出る杭は打たれる」「寄らば大樹の陰」「長いものに巻かれろ」といった保守的な傾向が強いのも、守備的なサイレンスタイプとパーフェクトタイプが多い国民性を物語っているといえます。

逆に、**日本人に１番少ないのは、ウィナータイプのエネルギーです**。

ウィナータイプは目的に向かってバリバリ攻めるタイプなので、守備的なサイレンスタイプとパーフェクトタイプを悪気なくビビらせてしまうことが多々あります。

攻撃的だからのさばっているかというと、そうではなく、サイレンスタイプやパーフェクトタイプが過半数の日本の中では、むしろ肩身が狭い存在ともいえます。

守備的なタイプが多いと、争いは起こりにくいでしょう。

しかし、勝負ごとにおいては、攻撃的で負けん気が強いウィナータイプが多い人が相手になると、守備的なタイプにほとんど勝ち目はありません。

どちらがいいとか悪いという意味ではありません。

もし「自分には攻撃的なエネルギーが少ないな」と自覚していれば、はじめから無謀な戦いは避け、得意な守備に徹することで成果を上げることができるのです。

たとえば、サッカーチームにどんなに攻撃力の優れたフォワードの選手を集めて大量得点を狙っても、敵に攻められたときに守備がガラガラでは、逆転されてしまいますよね？

大切なのは、自分のエネルギーバランスは、攻撃的なものと守備的なものがどれほどの割合なのか、あるいは思考的なものと感情的なものがどれほどの割合なのかということをしっかり把握していることなのです。

それによって、自分の特性を最大限に活かした動きができるようになり、自分の周りの人をうまくコントロールすることが可能になります。

とっさのときに自分の気質がぱっと出る

普段、私たちは自分が置かれた場に合わせてふるまっているので、４つのエネルギーバランスによる気質が見えにくい場合があります。

しかし、**窮地に立たされたときなど、じっくり考える余裕がないときに、自分の本来の**

気質がぱっと出ます。

たとえばグラッと地震が来たとき、パニックになってうろたえる人、自分だけサッサと逃げる人、身を挺して人を献身的に守る人……さまざまです。

「どんなときでも家族を守る！」といっていた父親が、緊急時には妻子の居場所より財布のありかに血眼になるとか、「私はもういつ死んでも後悔しない覚悟ができている」と達観していた老人が、危険な状況になったとたん、「助けて〜っ」と絶叫するとか、普段はめちゃくちゃ厳しい上司が、部下の窮地に必死にフォローしてくれるなど、いざというときに、その人の本当の気質があらわになるのです。

余裕があるときは、理想を語ることで、本当の自分に気付いていない人も、とっさのときに、自分が何を思い、どんな行動をとったかを思い返すと、ギャップがある場合がありませんか?

おっとり育った私が、受験の失敗から負けん気の強い自分の本当の気質に目覚めたように、人生の岐路に立たされたとき、いつもの自分と違う自分が顔を覗かせたら、それこそがまさに真のあなたなのです。

進学や就職、転職、転居、住居の購入、結婚、離婚、失恋、死別など、ライフステージが変わるときや、重要な決断を迫られるとき、その人の持って生まれた気質が露呈しやすくなります。

そうしたとき、自分自身の気質がわかるのはもちろん、家族や友人や知人がどんな行動をとったかによって、相手の気質を推し測ることもできます。

気質診断テストにトライ!

さて、気質学の基本的なお話を進めてきましたが、ここで実際に気質診断の簡易テストを受けてみてください。自分がどんなエネルギーのバランスなのかを見てみましょう。

この本の巻頭のカラーページの30問の問いに答えてください。あなたが当てはまると思う場合は、チェックを入れてください。

あなたの過去や、日ごろの行動を振り返りながら、できるだけ素直に回答すると正確に診断できます。「こうあるべき」と思っても、現実的にそうでなければ、チェックしないでください。過大評価でも過小評価でもなく、ありのままの自分についてお答えください。

気質を俯瞰すると、自分も他人もよくわかる

テストの診断結果はいかがでしたか？

最も合計点が高かったのが、自分の気質を象徴するメインのエネルギーです。

メインのエネルギーは、自分の中の「第１の扉」の中にあり、生まれながらに持っているエネルギーの中で、最強のパワーがあります。

第１の扉は、自分に最も合うので、とても開きやすく、意識しなくても、そこからエネルギーがたくさん出ています。

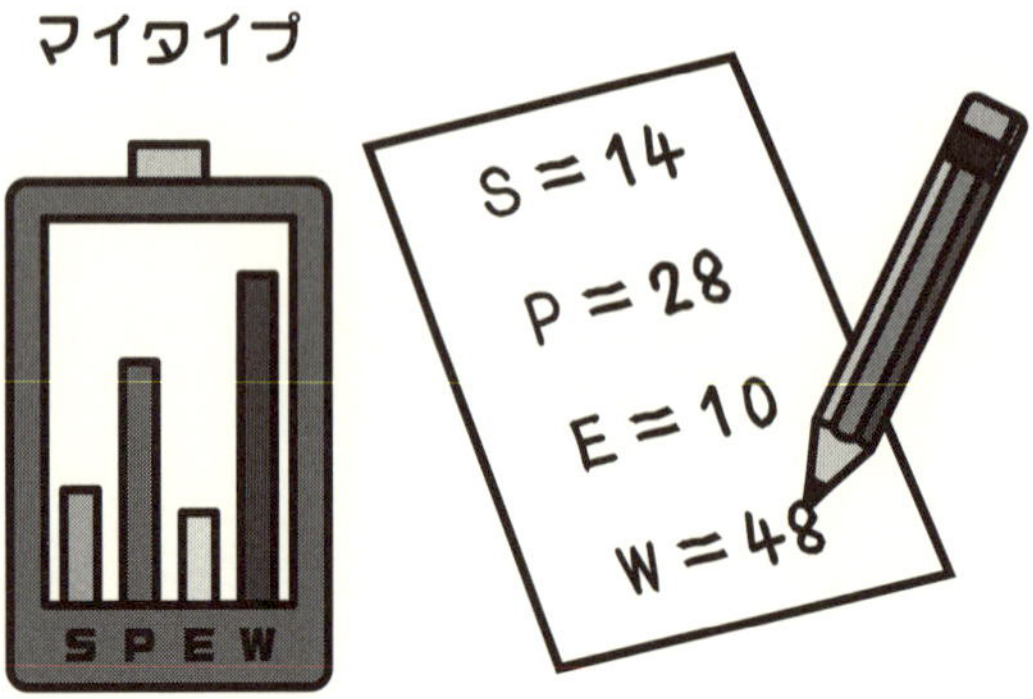

このエネルギーをフルに活かせば、自分の得意分野で本領を発揮して輝くことができます。

2番目に合計点が高かったエネルギーは、「第2の扉」に存在します。

疲れてメインのエネルギーが不足しているようなとき、第2の扉が開いて、2番目のエネルギーが自然に出てきます。

合計点がそれ以下だったエネルギーは、「第3の扉」「第4の扉」に存在します。

特に1番低い第4の扉は、最も開きにくく、自分にとって最も苦手な領域です。

各エネルギーについては、後述しますが、まずは自分の中に、4タイプのエネルギーがどんな割合で存在しているのかを把握してください。

突出して多いエネルギーと、ほとんどないエネルギーがあるなど、４つのエネルギー格差が激しい人もいるでしょう。

逆に、どのエネルギーも大差なく、ドングリの背比べ状態という人もいるでしょう。

第１の扉にエネルギーが多く偏っている人ほど、そのエネルギーの特徴が際立った個性的な人です。

そのエネルギーが司る得意分野では、群を抜く働きを見せますが、エネルギーが不足している分野では、本領を発揮できません。

４つのエネルギーに大差がなかった人は、マルチ型です。

マルチ型の人は、オールマイティでバランスが整っているので、どのタイプの人とも適度にうまくやっていけます。

また、どんな分野の仕事でも平均的にこなせますが、突出した個性がないので、際立った働きは期待できません。

「自分は楽天的だからエンジョイタイプだと思っていたけど、診断テストをしてみたら、意外にも勝ち負けにこだわるウィナータイプでビックリ！」

そんな風に、最初に自分が思っていたタイプと違っていて驚いたという人もいるでしょう。

テスト結果が自分の想像と違っていたということは、自分の思う自分像と、実際の自分にギャップがあるということです。

このギャップに気付くことが、気質診断テストのファーストステップです。

自分を操り、人を操るためには、まずこの気付きが大前提になるのです。

自分が思考的なタイプか、感情的なタイプかは、意外と自己認識しにくいため、気質診断テストをして、初めて気付く人も少なくありません。

思考的なタイプは、余裕がなくなると相手を振り回します。

サイレンスタイプは、不満が募ると、反撃してこない代わりにダンマリを決め込むので、話が前に進まなくなり、周囲を困惑させます。

ウィナータイプは、自分の思うようにならないと、威圧的になって、人を強引に巻き込んでしまいます。

対人関係のストレスを漠然ととらえていても、永遠に解決できませんが、このように、気質の違いを知ることで、こじれている原因が自ずとわかってきます。

一方、感情的なタイプも、悪気はなくても、思考的なタイプを振り回す場合があります。

なぜなら、感情的なタイプは、まず自分を満たすことを優先しますが、思考的なタイプは、他人を満たすことを優先するからです。

パーフェクトタイプは、何ごとも自分本位に考えるので、他人から見るとわがままになりがちです。

エンジョイタイプは、言動が刹那的なので、「朝、話していたことが、夕方には違っている」という、いわゆる朝令暮改になりやすく、周囲を混乱させがちです。

それぞれの気質の違いを俯瞰的にとらえていくと、対人ストレスから解放されるのはもちろん、自分の思いのままにコミュニケーションを操れるようになります。

2番目のエネルギーを司る「第2の扉」に要注意！

気質診断テストで2番目に合計点が高かったエネルギーは、メインのエネルギーが不足していたり、あまりやる気のないときに、「第2の扉」から出てきます。

実は、この「第2の扉」は、ちょっと危険な扉でもあります。

なぜなら、他人は、あなたのことを「第1の扉」から出ているメインのエネルギーの気質の人物とみなしているので、あなたが別のエネルギーを出すと、「あれ？　この人、いつもと違う」と違和感や不信感を抱くからです。

たとえば、楽天的なエンジョイタイプがメインの人が、ちょっと疲れてしまって、2番目の威圧的なウィナータイプのエネルギーが前面に出てきたとします。

「この人、普段は誰にでも屈託がないのに、今日は妙にエラソーに上から目線でみんなに命令してきて、いったいナニサマのつもり⁉」

周囲の人は、いつもと違うその人の言動に猛烈な不信感を禁じ得ません。

しかも、疲れが回復すれば、また本来のメインの気質に戻るので、周囲はますます困惑します。

「昨日は妙に威張って命令していたくせに、今日はケロッと忘れておちゃらけちゃって、いったいどういうつもり⁉」

このように、メインのエネルギーが減ると、2番目のエネルギーの気質が出てくるけれど、結局元のメインのエネルギーの気質に戻るので、他人にネガティブな印象を与えてしまうのです。

メインのエネルギーが突出して多い人の場合は、2番目のエネルギーがそもそも少ないので、こうした問題は起こりにくいといえます。

しかし、メインのエネルギーと2番目のエネルギーの差が少ない人は、「第2の扉」が常に半開きのような状態で、**２番目のエネルギーがダダ漏れになっている可能性があるので、要注意です。**

私もメインのエネルギーと、２番目のエネルギーの点数が近いため、「第２の扉」から２番目のエネルギーが頻繁に出てきます。

私の場合、メインのエネルギーがウィナータイプなので、いつもは率先してバリバリと任務を遂行していくタイプです。

しかし、２番目がサイレンスタイプなので、ちょっと疲れたり、あまり興味が持てない事案に対しては、守備的なサイレンスタイプのエネルギーが出てくるのです。

すると、いつもと打って変わって、会議で発言が控えめになったり、リスクを懸念して慎重になったりします。

すると、周囲が私に向ける目が明らかに厳しくなります。

「井上さん、いつもと違って消極的だけど、大丈夫かしら⁉」

私にしてみれば、一時的にメインのエネルギーが減っているだけで、決してやる気を失っているわけではありません。

でも、普段のイケイケドンドンな私に慣れている人たちからすると、明らかにトーンダウンしたネガティブな状態に見えるのです。

2番目のエネルギーは自然に出てきてしまうので、「第2の扉」をバタンと閉じてエネルギーが出てこないようにムリに封じ込めたりはできません。

ただ、自分のエネルギーのパワーバランスを知っていると、「今、自分は疲れてヘロヘロだから、メインのエネルギーより、2番目のエネルギーが多く出ているかもしれない」と自覚できるようになります。

そうすれば、「今、2番目のエネルギーが出ているから、ちょっと気を付けよう」と、**自らの言動を意識的に制御することができます。**

それによって、周囲にもネガティブな印象を与えないように操作することが可能になります。

エネルギーが1番少ない分野の対処法

気質診断テストで最も点数が低かったエネルギーは、「第4の扉」に存在します。

あなたのエネルギーが1番多く、1番開きやすい「第1の扉」の対極にあるのが、この

「第４の扉」です。

エネルギーが最も少ない分野なので、扉も開きにくく、このエネルギーを活かそうとしても、なかなかうまくいきません。

つまり、**この領域は、あなたにとって、最も不得意な分野といえます**。

この領域のエネルギーが求められる職業に就いていても、そもそものエネルギーを少ししか持っていないので、その分野でどんなに努力しても、残念ながら目が出る可能性は低いでしょう。

「わざわざ自分の最も苦手な分野に行く人なんていないでしょ？」と思われるかもしれませんが、自分の苦手な分野にもかかわらず、それを自覚しないいま、「なんだかしんどいなあ……でも努力すればなんとかなるはず」と思っている人が実は少なくないのです。

残念ながら、エネルギーが少ない分野で努力しても、そのエネルギーが豊富にある人には絶対にかないません。

もしそこで足踏みしているなら、自分の１番多いエネルギーの分野に挑戦したほうが、本領を発揮できます。

4つのタイプ別に見ていくと、まず**サイレンスタイプのエネルギーが最も少ない人は抜けや漏れが多いので、正確さが求められるような事務作業に向いていません。**

このタイプのエネルギーが足りない人は、資料なども散逸しがちです。対策としては、たとえばファイルボックスを色分けするなど、ものごとをきちんと順序立てて整理できるような仕組みをあらかじめ作っておきましょう。

パーフェクトタイプのエネルギーが最も少ない人は、創造性があまりないので、クリエイティブ系の職業に向いていません。

また、このタイプのエネルギーが足りない人は、リスク回避が下手で、脇が甘くなりがちです。失敗できない案件に臨むときは、二重三重のチェック体制を整えて、リスクヘッジに努めましょう。

エンジョイタイプのエネルギーが最も少ない人は、冒険心やユーモアセンスが少なく、ものごとを横軸でとらえる視点が欠けています。

特にパーフェクトタイプの人で、エンジョイタイプのエネルギーが少ない人は、お高くとまっているように見えるので、多少は「いいね」「かわいいね」といった言葉を使うことで印象をやわらげることができます。

チェックポイント A
チェックポイント B
チェックポイント C
チェックポイント D
お金
人生
仕事
パーフェクトタイプ
サイレンスタイプ
タイプ別
エネルギーが少ない分野
エンジョイタイプ
ウィナータイプ
義理
人情

また、生真面目なサイレンスタイプの人で、エンジョイタイプのエネルギーの少ない人も、ときには遊び心を見せることで、プラスの印象に変わります。

ウィナータイプのエネルギーが最も少ない人は、ものごとをてきぱき仕切るのが苦手なので、人を統率するリーダー的なポジションに向いていません。

また、このタイプのエネルギーが足りない人は、恩知らずな傾向があります。

常日ごろから、何ごとも当たり前と思わず、「自分は誰に育ててもらったのか、誰にお世話になっているのか」という感謝の気持ちを忘れないことが大切です。

このように、エネルギーが最も不足している苦手分野を自覚していると、それを意識的にカバーできるようになるのです。

それによって、自分の苦手なことに対して委縮せず、前向きに予防策を立てることができます。

ここまで、「気質学の入門編」として、4つのタイプのエネルギーについての概要をお話ししてきました。

まずこの基本概念を踏まえることで、自分自身をうまく操ることができるようになり、自分の思うように人も操ることができるようになるのです。

第2章

タイプによってこんなに異なる!
～シチュエーション別に見る気質の違い～

行動パターンでわかる気質の違い

第2章では、4つのタイプの気質の違いについて、「こんな場面では、それぞれどんな風にふるまうんだろう?」という事例を、さまざまなシチュエーション別にご紹介します。

普段、私たちは自分が最もなじむ行動を無意識にとっていますが、自分には当たり前でも、他人にとっては信じがたい行動かもしれません。

逆に、他人にとっては当然のことでも、自分にはありえないことかもしれません。

「なんで、あいつはいつもこうなんだ!?」

「どうして、あの人はこんなわけのわからない反応をするの!?」

そんな不可解な気持ちも、4つのタイプ別の事例を見ると、いろいろなことがクリアになってきます。

「自分ならこんなときどうするかな?」と照らし合わせるのはもちろん、両親や配偶者、子ども、友人、恋人、上司や部下、同僚など、自分の周囲の人たちのこともあれこれ思い浮かべながら、お読みください。

「この状況なら、自分はまさにこうする!」

「そうそう、あの人はこういうときは、確かにこういう行動をとるねえ」

「なるほど、彼がこう反応してきたということは、きっと○○タイプなんだな」

「そうか、彼女があんな行動をとったのは、○○タイプだからなのか！」

そんな風に、自分の行動パターンと周りの人たちの行動パターンの違いを再認識することで、自分の立ち位置が明確になり、他人への理解も深まります。

行動パターンの特徴から、ライバルや苦手な人の気質タイプがわかって、的確な対処法が見えてくるかもしれません。

「あなただったら、この場面ではどうする？」

もし相手がどんな行動をとるかわからない場合は、ここに書かれた事例をいくつか周囲の人に質問して、どう答えるか確認してみてはいかがでしょう。

人と仲良くなるにせよ、戦うにせよ、相手の気質による行動パターンの違いを知ることが大切です。

Scene1　大型家電量販店にテレビを買いに行ったとしたら？

大型家電量販店にテレビを買いに行ったとします。

サイレンスタイプは、大型家電量販店に行く前に、インターネットで店による価格やアフターサービスの違いなど事前にしっかりチェックしてから来店します。

各家電メーカーのパンフレットも事前に取り揃えて、細かなスペックやデザインの違いも下調べしてあり、「これを買おう」と9割は決めています。

店に入ったら、**販売員になるべく気付かれないように、脇の通路からテレビ売り場にヒタヒタと向かいます**。テレビ売り場の場所も、店内地図を事前にチェックしてわかっているので、売り場でウロウロ迷うこともありません。

目的のテレビを見付けて、事前の下調べ通りであれば、販売員に相談することなく、そのテレビを購入します。もし自分で持ち運べそうなら、配送も頼まず、自ら持ち帰ります。

パーフェクトタイプは、CMなどを見て、漠然とほしいテレビのイメージを思い描いていますが、特に詳しく下調べすることはありません。

店に入ると、**何か探しているような様子を見せ、販売員が気付いて声をかけてくれるのを待ちます**。

「何かお探しですか?」と販売員に声をかけられたら、テレビを探していることを伝え、その場所まで案内してほしいそぶりを見せて案内してもらいます。

候補のテレビのスペックや使い方なども、販売員に逐一説明してもらいますが、見た目も機能も完璧に気に入らないと購入には至りません。

購入した場合も、決して自分で持ち運んで帰ることはなく、配送から設置まで全部お願いします。

エンジョイタイプは、家電量販店の近くに行った際、急に「あ、そういえば新しいテレビを買いたいな～」などと思いついて、フラッと立ち寄ったりします。

事前の下調べもしておらず、店に入っても、テレビ売り場に行く前に、店内を行ったり来たりして、「あ、コレいいな！」「お、コレもいいな！」と、気に入ったものが目に入るとカゴに放り込んでいきます。

ようやくテレビ売り場にたどり着いたころには、既にカゴの中がいっぱいになっていて、テレビを買う予算は残っていません。

さらに、その日買った品も、「やっぱり要らないや」と、後日返品したりします。

ウィナータイプは、テレビを買おうと思ったら、家電に詳しい人に資料などを用意してもらったりしますが、自分でじっくり時間をかけて調べたりはしません。

店に行ったら、入り口でいきなり販売員を呼び止め、「テレビ売り場はどこ？」と尋ねます。

「突き当りの奥です。ご案内します」といわれても、**「わかったから、大丈夫」と断り、メイン通路から目的のテレビ売り場まで、わき目もふらずに直行します。**

売り場で再び販売員をつかまえ、自分が知りたいことだけを聞き出します。購入までの目安時間も計算しているので、ムダに迷うこともありません。

もし販売員の説明が気に入ったら、即断即決で、2台まとめて買ったりもします。

いかがですか？　ここにご紹介している事例は、各タイプの気質の違いを顕著に示したものですが、テレビを大型家電量販店で購入するだけでも、タイプによってこれだけ行動パターンが違うのです。

Scene2　メールの受け方、返し方は？

メールの送受信も、タイプによって対応が異なります。

サイレンスタイプは、自分にとって特に問題がないメールであれば、受信した時点で開いて確認します。

お会計
4KTV
パーフェクトタイプ
サイレンスタイプ
タイプ別
家電量販店
での行動
エンジョイタイプ
ウィナータイプ

しかし、返信をすぐに送らないことがしばしばあります。

「○○の件は、いかがでしょうか？」「ご都合はいかがでしょうか？」といった、**質問形式のメールでなければ、既読スルーすることもあります。**

パーフェクトタイプは、そのとき自分に心の余裕がなければ、メールを開封しようともしません。

もし開封したとしても、**メールの文章を完璧にして返したいと考えるので、返信するまでに時間を要します。**

「至急でお願いします」と相手から指示がない限り、返信を急ごうとしません。

このタイプは夜遅くにメールを送ってくることが多い傾向があります。

エンジョイタイプは、メールを受信したら、即開封し、その場でチャットするように、メールを即レスしてきます。

メールの文章は話し言葉のようなノリのいい雰囲気で、「！」マークや絵文字を多用します。

ただ、メールを確認しても、**その場ですぐに返信ができないときは、そのまま返信するのをコロッと忘れてしまったりすることがあります。**

ウィナータイプは、メールを受信したとき、返信できる状態ならすぐに確認します。

しかし、すぐに返信できない状態のときは、開封せず、返信できる状態になってから確認します。

いったんメールの確認をしたら、即レスするのが礼儀だと思っています。

特に立場が上の人には、配慮して、早めにメール返信します。

ただし、**相手も自分と同じような対応をしてくれないと、イラっとしたり、相手に不信感を持ちます。**

もしメールの相手がウィナータイプなら、即返信し、遅れたら詫びるのが鉄則です。

Scene3　課題にはどう対応する？

サイレンスタイプは、急ぎの課題から優先するのではなく、**自分の進めやすい課題から手を付けます。**

マイペースで進めたいタイプなので、急かされることがとても苦手です。

課題の締め切りまでの期日は、ギリギリではなく、余分にほしいと思うタイプです。

もし期限を守れないときは、相手からいわれない限り、自分からは伝えず、できたことだけを報告します。

パーフェクトタイプは、課題を完璧に仕上げたいと思っています。**自分にとっての完璧は、人にとっても完璧であると思っているので、人から進捗状況を尋ねられると、たとえ9割できていたとしても、「できていません」と答えます。**

自分が完璧だと納得していない課題を提出することを嫌い、期限当日までがんばります。もし間に合わないときは、「がんばりましたが、もう少し時間がほしいので、お待ちください」とお願いします。

エンジョイタイプは楽天的なので、たとえ**課題があまりできていなくても、進捗状況を尋ねられると、「だいたいできています！」と悪気なく答えます。**

このタイプは、期限も大切だけれど、できていなければ、できたときに報告すればいいと考えています。

もし予定より早く課題を終えても、隅々まで確認しないので、ところどころ不完全な箇所があるまま提出します。

ウィナータイプは、課題をコツコツと進めるのではなく、**集中して一気に仕上げます。**

未来を逆算して計画するため、ほぼ自分のスケジュール通りに課題を遂行します。

万が一、期限を守れそうにない場合は、事前に伝え、自分ができうる最短の期限を提示します。

このタイプは全体的な内容にこだわる反面、ディテールを精査するのは苦手なので、レポートの課題などは誤字脱字や計算ミスがあります。

Scene4　パーティではどこに座る？

どこに着席してもいいパーティのとき、会場の様子を観察すると、誰がどのタイプか一目瞭然になります。

サイレンスタイプは、目立ちたくないので、なるべく隅っこの入り口近くに座りたがります。

入り口付近にいれば、トイレに立つとき、「ちょっとすみません」と人に断らなくても、そっと抜けられるからです。

また、もし会場で居づらくなっても、入り口付近にいれば、「どこ行くの？」「もう帰るの？」などと、みんなの視線を浴びる前に、こっそり退席できるからです。

しかし、このタイプはいつでも逃げ出せるポジションをキープしながら、パーティがおもしろくなくても、おとなしく最後までいます。

一方、**パーフェクトタイプは、入り口は落ち着かないので避けます。上座も、エラそうにしていると思われるのが嫌なので、敬遠します**。

さりげなく中間エリアの席に座り、終始そこにとどまっています。

このタイプは、お姫さまや王子さまのようにチヤホヤされるのが好きですが、決して周りの人に愛想をふりまきにいったり、お酌をしに回ったりすることはなく、あくまでも人からお酒を継いでもらうのを待ちます。

エンジョイタイプは、最初に座る席にはまったくこだわりません。

どこにでも自分の居場所を見つけられるので、入り口付近でも、上座でも、中間エリアでも、空いている席を素早く見つけて座ります。

たとえば誰かがちょっと席を外しただけでも、その隙に席をちゃっかりゲットします。

このタイプは上下関係を気にせず、できるだけたくさんの人とワイワイ話をしたいので、パーティが始まると、あちこちの席にビールやワインを手にお酌をしに回って、**席を移動**

しまくります。

いわゆる宴会部長的な性格なので、飲んで歌って踊って、場が盛り上がるなら何でもやります。ただ、周りが退屈そうにしていたら、もっと楽しい場所にサッサと席を移してしまいます。

ウィナータイプは、親分肌や姉御肌なので、みんなの顔や様子を把握できる上座にためらうことなく座ります。

なぜなら、上座にどんと構えていれば、いちいち席を移動することなく、どの参加者とも会話できるからです。

ちなみに、ウィナータイプは面倒見がいい反面、おせっかいなところがあるので、「こっちで一緒に飲もう！」と人を強引に上座に誘ったりすることがあります。

エンジョイタイプなら喜んで誘いに乗りますが、注目されたくないサイレンスタイプにとっては針のむしろになるのでやめましょう。

タイプ別
飲み会での
座席と行動
出入口
エンジョイ
タイプ
サイレンス
タイプ
パーフェクト
タイプ
エンジョイ
タイプ
エンジョイ
タイプ
上座
ウィナー
タイプ

Scene5　勉強会に参加するとしたら？

セミナーなどの勉強会に参加した際も、どんなスタンスで臨むか、ノートはどんな風に取るのかといった側面で、各タイプの行動や思考パターンはまったく異なります。

サイレンスタイプは、パーティのときと同様、できるだけ目立たないように隅っこの席を選んで座ります。

講師から当てられると、自分にみんなの注目が集まるので、それを避けるために、そっと気配を消して、静かに講義を聞いています。

ノートには細かな内容もすべて正確に書き取ります。学んだことは、そのノートに100％集約されるので、**正確にメモすることに気を取られてしまい、うっかり書き漏らしたことがあると、後でその内容をまったく思い出せません。**

複数回のセミナーなどは、事前に調べてから参加するので、よほどのことがなければ最後まで参加します。

もしよほどの事情があって参加を断念するときは、通わないことで相手に察してほしいと思うので、何も伝えずにそっとフェイドアウトすることがあります。

パーフェクトタイプも、セミナーでは目立つ席に座るのを避けます。

ノートは非常にきれいに取りますが、議題が多いと、すべてに手が回らなくなり、すごく詳しく書かれたものと、そうでないものとの差が激しくなります。

もし、**勉強会の内容が自分の期待していたものと違ったら、あからさまに途中退席はしませんが、不満が顔に出て、やる気がない様子になります。**

複数回のセミナーは、途中で辞めたいと思っても、相手にどう思われるかが気になって、いやいや続けてしまうことがあります。

エンジョイタイプは、パーティのときと同様に、座る席にはまったくこだわらず、近くに座った人に気軽に声をかけて会話を楽しみます。

意気投合すると、初対面でも、いきなりその場で連絡先を教えたりします。

ノートは、そのときに開いていた資料の余白など、あちこちに書き散らします。

メモは非常に素早いけれど、大まかなので、後で見返しても、ディテールがよくわからない場合があります。

どんな勉強会かわからなくても、持ち前の好奇心から気軽に参加しますが、飽きやすく、辞めることを伝えるのにも躊躇しません。興味が失せると、行くことさえ忘れてしまいます。

ウィナータイプは、勉強会にはその都度、目的を持って参加するため、その目的に応じた席を選びます。

あくまでも**自分の目的を果たすことが最重要なので、もし期待した内容と違ったり、主催者側の対応に不備があったりすれば、その場で帰ることもあります。**

このタイプは、基本的に「自分にとって価値があるかどうか」で行動しますが、**1度でもお世話になった恩師に対しては、恩義を尽くして最後まで参加します。**

ノートは全体像を的確にとらえて、要点のみを効率よくメモします。ただ、他人がそのメモを見ても、あまり意味がわかりません。

Scene6　人から誘いを受けたり、チャンスに直面したときは?

遊びや食事会など、人から何か誘いを受けたときや、それによってチャンスに直面したときも、各タイプの反応はそれぞれ異なります。

サイレンスタイプは、それほど気が向かなくても、何度もしつこく誘われると、相手に

面と向かってなかなか断れません。

しかたなく参加した場合は、誘ってくれた人の手前、無難にふるまいます。

もしその会合が婚活やビジネスなどのチャンスになるかもしれないと思った場合は、とりあえず参加してみますが、保守的なので、あくまでも控えめです。

パーフェクトタイプは、気が向かなければ、誘いをやんわり断ります。

しかし、それが自分にとって何かの利得やチャンスにつながることだと思えば、サラッと参加します。

ただ、そこでどんなにチャンスがあっても、自分に協力してくれる人や、サポートしてくれるものがないと、すぐに飛びつくことを躊躇します。

エンジョイタイプは、誘われればそれがどんな会なのかよく知らなくても、ホイホイ気軽に参加し、その場その場を積極的に楽しみます。

興味を感じたり、「これはチャンスだ！」と思えば、即座にちゃっかり売り込んだり、グイグイ誘ったりもします。ただ、**結果がすぐに見えないと、興味も情熱もなくなります。**

ウィナータイプは、自分に必要性がない誘いは、迷うことなく即断ります。

ただ、恩師の誘いや、目をかけている後輩の誘いは、義理があるので参加します。

タイプ別
誘いに対する
反応と対応
パーフェクトタイプ
出
欠
損か得か
サイレンスタイプ
断り下手
エンジョイタイプ
招待
宴席
歓迎
パーティ
合コン
接待
ウィナータイプ
義理
チャンス

もし、その誘いが、人脈を作るうえで大きなチャンスだったりすると、がぜんやる気が出てきます。

目的を持って参加したからには、しかるべき成果を出そうと、前のめりにどんどん押していきます。

Scene7　待ち合わせ時間に相手が遅れて来たら？

サイレンスタイプは、約束の待ち合わせ時間から10分ほどの遅れであれば、特に苛立つ様子もなく、その場でじっと待っています。

10分経過しても、まったく姿が見えず、連絡もないときは、相手の携帯電話に連絡を入れますが、怒ったようないい方はしません。

パーフェクトタイプは、相手が自分を待たせて遅れていることにイライラしますが、その場でしかたなく待っています。

相手から連絡がなければ、より一層イライラが募りますが、相手から連絡してくるべきだと思っているので、自分から連絡を入れようとはしません。

エンジョイタイプは、相手が時間通り来なければ、すぐそばにある店を覗いたりして時間をつぶします。

手近に興味を覚えるような場所がなければ、建物の1階で待ち合わせしたのに、10階の店でショッピングしてみたり、何十メートルも離れたコンビニエンスストアで雑誌を立ち読みしたりするなど、まったく別の場所に移動してしまうことがあります。

計画的に動いているわけではないので、相手に移動したことを伝えるでもなく、相手から「今、到着したんだけど、どこにいるの？」と連絡が来たときに初めて、「あー、今ここにいるんだよね」と答えるので、遅れた相手も面食らいます。

ウィナータイプは相手が約束の時間ちょうどにいないと、即イラっとします。

そして、その場で何分も待つことなく、先に目的の場所に移動し、その旨を留守番電話のメッセージやメールなどで相手に伝えます。

たとえば、劇場や美術館の前で待ち合わせしていたなら、独りでチケットを買って館内にサッサと入ってしまいますし、オフィスの受付で待ち合わせしていたなら、先に受付を済ませてミーティングルームに入ってしまいます。

そして、**相手が遅れて到着したら、開口一番「どうして遅れたの？」と理由を問いただ**

します。交通機関の乱れなど、やむを得ない事情があるときは、情状酌量しますが、単なる寝坊やスケジュールのうっかりミスの場合は、相手に対して大きな不信感を抱きます。このタイプの上司や営業先がいる人は要注意です。

Scene8　満員電車で空席を見つけたらどうする？

ぎゅうぎゅう詰めの満員電車で、座っている人が降りて、空席ができたら、４つのタイプはそれぞれどうするでしょうか？

サイレンスタイプは、目の前の席が運よく空いても、座ろうとしません。なぜなら、後から年輩者や妊婦さんが乗ってきて、席を譲らなければならなくなったとき、声をかけるとどうしても目立ってしまうからです。

もし席を譲って「いえ、結構です」と断られたら、その後そのまま座っているのも落ち着かないので、よほど席に余裕がない限り、座らないことにしているのです。

パーフェクトタイプは、自分の席を必死に確保しようと躍起になったり、空いた席に我先に座ったりするのはスマートではないと考えています。

そのため、席が空いていても、そ知らぬ顔で立っています。

ただ、自分の大切な人のためや、よく思われたい相手であれば、空いた席に「よかったらどうぞ」といいざなったりします。

エンジョイタイプの場合、席に座るかどうかは、そのときの気分次第です。疲れていれば座りますし、そうでなければ、席が空いていても気に留めません。

一緒にいる人のために席を取ることもありますが、相手が目上の人だからといって、何が何でも取ろうとすることはありません。

ウィナータイプは、できうる限り席を確保して、座ります。

電車移動は、目的地に行って、目的を果たすための手段に過ぎないと考えているので、目的をスムーズに遂行できるように、座って体力を温存しておきたいからです。電車に乗るときも、降車する駅の出口に最も近くなりそうな車両に乗り、時間や体力の浪費を避けます。

ただ、自分が満員電車でうまく席を確保できても、年輩者や妊婦さんが乗ってくれば、すぐに声をかけて席を譲ります。

同乗者が目上の人であれば、その人のために「どの辺りなら席を確保しやすいか」ということを乗る前から画策しています。

Scene9　レストランでオーダーするときは？

もし初対面の相手でも、一緒に会食をする際のメニュー選びの様子を観察するだけで、気質の違いが如実に表れます。

サイレンスタイプは、とても慎重なので、初めて行くレストランでは、メニューを見てからオーダーを決めるまで、非常に時間がかかります。

ただ、同僚やママ友など、複数の同行者がいる場合、自分だけ異質なメニューを注文することはなく、**違うものが食べたくても、みんなに合わせます。**

自分の行きつけのレストランでオーダーする際は、**カレーがお気に入りなら、いつ行ってもカレーしか注文しません。**

「いつもチキンカレーだけど、野菜カレーもおいしいよ」「たまにはパスタでも頼んでみれば？」「夏季限定のスペシャルセットがあるよ」などと家族や他の常連客に勧められても、１度気に入ったら、ずっと同じものをオーダーします。

このタイプは保守的なので、行きつけの店であっても、冒険を避けるのです。

パーフェクトタイプも保守的ですが、**料理や雰囲気にこだわりが強く、「この店のスペシャリティは何か？」「特別なサービスはあるのか？」「その季節にしか賞味できないメニューはあるのか？」といったことを知りたがります。**ただ、自分から店のスタッフをつかまえてあれこれ聞くことはなく、同行者に頼んで聞いてもらいます。

このタイプは、その店で何を頼むのが最も理想的なのかを吟味するので、メニューを決定するまでに、やはり時間がかかります。

反対に、エンジョイタイプは、メニューをパッと見て、あっという間に決めます。

店頭に貼ってあるおすすめメニューを見て、「特製オムライスにしよう！」と即決し、席に着くなりメニューも見ずに、「特製オムライス！」と秒速でオーダーすることもあります。

ただ、同行者がメニューを考えている間に「あれも食べたいし、これも食べたいな」と迷い出すこともあります。

同行者が「ハンバーグがおいしそうだね」などというと、「あ、ホントだ！　ぼくもハンバーグ！」と急に気が変わることもあります。

また、**注文した後になって、隣席のお客さんが食べている料理が気になり、「やっぱりエビフライ定食に変更できませんか？」などといい出したりもします。**

ウィナータイプもメニューをサッと見て即決しますが、エンジョイタイプと違って、1度決めたら迷ったり変更したりしません。

初めて行くレストランであれば、メニューをじっくり見て考えるより、「ここのおすすめの料理は？」と**スタッフに聞いて、効率よく決めます。**

このタイプは、その食事が商談をまとめるビジネスランチなのか、恋人を口説くデートなのか、親睦を深める女子会なのか——**食事の「目的」が最も重要なので、その目的に合致していれば、料理は二の次なのです。**

そのため、早く料理を注文したいのに、同行者があれこれ迷ってなかなか決められないと、だんだんイライラしてきます。

特に食事時間が限られているランチタイムなどは、「時間もないし、このおすすめランチにしておけば間違いないよ」などと、迷っている同行者のメニュー選びに口出しをすることもあります。

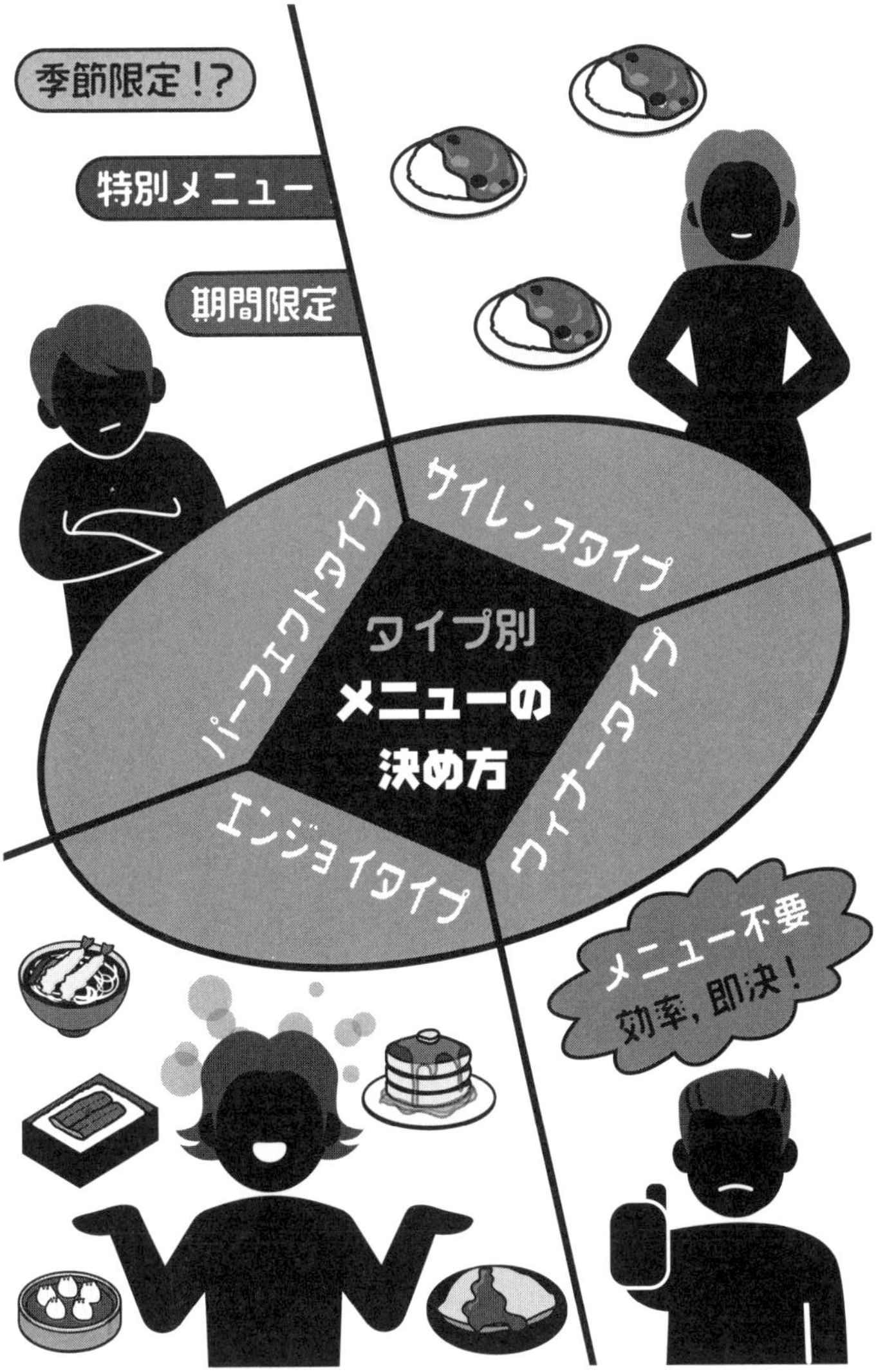
季節限定！？
特別メニュー
期間限定
タイプ別
メニューの
決め方
パーフェクトタイプ
サイレンスタイプ
ウィナータイプ
エンジョイタイプ
メニュー不要
効率，即決！

Scene10　チームでゲームやコンペに臨んだら？

複数のメンバーでスポーツの試合に参加したり、プロジェクトチームを組んで、仕事のコンペに臨んだとしたら、４つのタイプはどんな反応を見せるでしょう？

サイレンスタイプは、勝ち負けよりも、まずみんなで仲よくがんばることを大切に考えています。

個々人の役割を特に決めず、準備するものなども、各人ができる範囲で協力するのがいいと思っています。

もし負けても、「がんばったことは、必ず後で身になる」と、落ち着いています。

パーフェクトタイプは、戦いに臨むなら、優勝するのが理想的だと思っていますが、自分は守備に回って、戦うのが得意な人ががんばってくれればいいと考えています。

なぜなら、ハードな練習はしたくないし、体育会系の指導も苦手だし、プレッシャーにも弱いからです。

そのくせ、相手チームに大量に得点されたり、評価が低かったりすると、嫌な気分になり、やる気がなくなります。

エンジョイタイプは、勝ちたいけれど、何よりも楽しむことを大切にします。

オリンピックに参加する選手が、「メダルを獲ることより、まずは楽しんできたいと思います！」とコメントすることがありますが、そうした選手はエンジョイタイプの気質が強いといえます。

楽しければ、モチベーションもハイテンションに上がりますし、勝てばはしゃいで盛り上がります。

一方、勝機も見えず、おもしろくない展開になってくると、見るからにつまらなそうな表情になって意気消沈します。

ただ、負けてもそれをいつまでも引きずらず、すぐに新たな楽しみを見つけます。

ウィナータイプは、勝つこと以外は論外です。２位以下は、最下位と同じだと考えているので、上位に食い込んでも全然満足できません。

オリンピックで、銅メダルの選手がめちゃくちゃ大喜びをしているのに、銀メダルの選手が唇をかみしめて悔し泣きをしていることがありますよね？

それは、銀メダルを獲った選手が、「金メダル以外は意味がない」と考えているウィナータイプの気質が強いからです。

シーン別に10種の事例をご紹介しましたが、いかがでしょうか？

気質が違うだけで、思考や行動のパターンがこんなにも異なるのです。

自分がリアルに直面すると、ドン引きしたり、オドオドしたり、イラッとしたりすることであっても、このようにタイプ別に俯瞰して比較してみると、自分と他人との違いがおもしろいほど見えてきます。

この違いをしっかり理解できれば、自分の思い通りに他人を操ることもそれほど難しくはありません。

第3章では、いよいよ気質学の実践編に入ります。自分も他人も思いのままに操るための、「タイプ別攻略法」を学んでいきましょう。

第3章

自分も他人も思いのままに操る
～タイプ別攻略法～

子ども・青年・壮年・長老
――4タイプのポジショニング

この章から気質学の実践編「タイプ別攻略法」に入ります。

第1章で、4タイプの気質を戦国武将になぞらえて解説しましたが、タイプ別に攻略するにあたって、4タイプのイメージをより捉えやすくするために、四季と人間の一生にあてはめてご説明します。

まず、**楽天的なエンジョイタイプを季節にたとえるなら「春」です。**

田んぼに若い稲が植えられる春は、人間でいうなら「幼年期」です。

好奇心いっぱいで、楽しいことが大好きなエンジョイタイプは、きらきらした春を謳歌する子どものイメージに象徴されます。

安心・安全主義のサイレンスタイプを季節にたとえるなら「夏」です。

青々とした稲が足並みそろえて育つ夏は、人間でいうなら「青年期」です。

実務的なことを得意とするサイレンスタイプは、冒険をせず黙々と修行する青年のイメージです。

勝ち負けにこだわるウィナータイプを季節にたとえるなら「秋」です。

黄金色の稲穂がふっさり実る豊饒な秋は、人間でいうなら「壮年期」です。

目標に向かってバリバリ突き進む負けず嫌いのウィナータイプは、気力充実した働き盛りのイメージです。

完璧主義のパーフェクトタイプを季節にたとえるなら「冬」です。

稲穂も刈り取られて田んぼも休眠している冬は、人間でいうなら「老年期」です。

美意識が高く、理想を語るけれど行動が伴わないパーフェクトタイプは、知恵者で慎重な長老や仙人のイメージです。

この「子ども・青年・壮年・長老」というのは、もちろん実年齢とは関係なく、あくまでも4つの気質を象徴する精神年齢です。

生まれたときから長老の人もいれば、死ぬまで子どもの人もいます。

たとえば、上司は実務を忠実にこなす「青年（サイレンスタイプ）」だけど、部下は負けず嫌いでイケイケドンドンな「働き盛り（ウィナータイプ）」というケースもあるでしょう。あるいは、自分はあっけらかんと楽天的な「子ども（エンジョイタイプ）」だけど、自分の娘や息子は完璧主義で慎重な「長老（パーフェクトタイプ）」ということもあるでしょう。

自分は友人だから、自分は妻だから、自分は親だから……相手はこうあるべきということり固まった視点から離れて、4つの気質にあてはめてみると、今まで気付かなかった関係性や、対処のしかたが見えてきます。

「敵は好奇心旺盛な子どもの気質だから、興味を刺激すれば手なずけられるかも」

「得意先は保守的な青年の気質だから、あまり押さないで、冷静に説得してみよう」

「部下は好戦的な働き盛りの気質だから、闘争心を煽って発破をかけよう」

「恋人は理想を語る長老の気質だから、世界観を賞賛すれば、もっと心をつかめるかも」


相手に合わせた攻略法がわかってくると、今までコミュニケーションを妨げていたもやもやした霧がサーっと晴れ、人間関係が劇的にうまく回るようになります。

それまで難攻不落だった敵も、コロッと心を許してくれて味方に親友になるかもしれません し、それまで近づけなかった人と、一気に距離を縮めることができるかもしれません。

次にご紹介する攻略法は、あくまでも相手をうまくコントロールするための方便です。

自分を抑圧するのではなく、便利なテクニックとして使いこなしましょう。

4つのタイプの相性と攻略法

「あいつとは相性が合わない」

「あの人とはすごく相性がいい！」

誰しもそんな風に、他人に対して、相性のよしあしを感じていると思います。

他人との相性は、４つの気質と非常に深い関係があります。

サイレンスタイプ、パーフェクトタイプ、エンジョイタイプ、ウィナータイプの４つの気質から見た、それぞれの相性と、相性に基づいた攻略法をご紹介します。

ちなみに、**同じ気質タイプ同士は、「類は友を呼ぶ」ということわざがあるように、互いの気質をよく理解しているので、基本的にとても相性がいいといえます。ただ、それぞれ似た者同士ならではの問題も起こりえます。**

●「サイレンスタイプ」VSパーフェクト・エンジョイ・ウィナータイプ

まず、サイレンスタイプから見たパーフェクトタイプとの相性は悪くありません。

ソフトなサイレンスタイプはパーフェクトタイプが嫌う攻撃をしませんし、どちらも守備的で慎重派だからです。

ただ、サイレンスタイプは感情より思考的なので、感情を優先するパーフェクトタイプとかみあわないことがあります。

理論だけで対応すると冷たいと思われるので、パーフェクトタイプとうまくやっていくためには、相手の感情をやんわり受けとめてあげる気遣いが必要です。

また、パーフェクトタイプはちやほやされるのが好きなので、相手のセンスや創造性などを意識的にほめてあげるようにすると、いい関係性をつくることができます。

サイレンスタイプから見たエンジョイタイプとの相性は最悪です。

思考的で守備型のサイレンスタイプは、真逆の感情的で攻撃型のエンジョイタイプが非常に苦手なのです。

たとえるなら、勝手気ままな子どもに手を焼いてウンザリしている、新米の親のような感じです。

エンジョイタイプをうまく手なずけたいなら、「いいね！」「すごいね！」と、子どもをほめるようにいってみましょう。

また、**気まぐれなエンジョイタイプをうまく操縦するには「好きなのはどれ？」と相手に選択肢を与えて興味を喚起してあげるのがおすすめです。**

サイレンスタイプとウィナータイプは、どちらも思考的なので、理屈が通れば互いに理

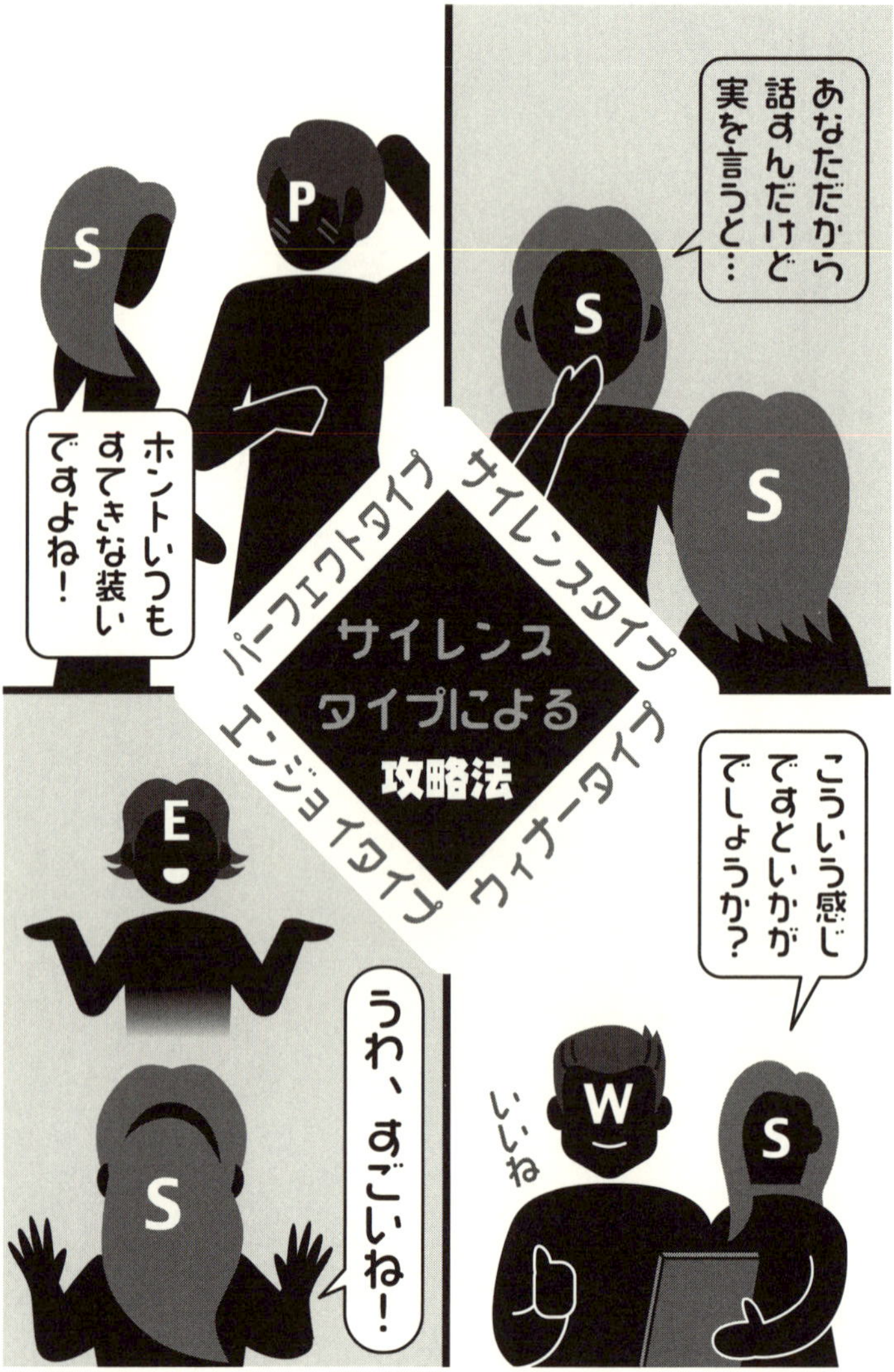
サイレンスタイプによる
攻略法
サイレンスタイプ
パーフェクトタイプ
エンジョイタイプ
ウィナータイプ
あなただから話すんだけど実を言うと…
ホントいつもすてきな装いですよね！
うわ、すごいね！
こういう感じですといかがでしょうか？
いいね
S
P
E
W

解しやすい関係性といえます。

もし上司がウィナータイプだったら、いわれたことをきっちりやるのが得意なサイレンスタイプは、ウィナータイプに信頼を置かれます。

ただ、**いわれたことしかやらないと、ウィナータイプにイラっとされるので、自発的に考えて行動すれば、より可愛がられます。**

サイレンスタイプ同士は、互いに攻撃しあうこともなく、穏やかに共存できます。

ただ、表面上は穏やかでも、内心、少しずつ不満を溜めこんでいる場合があり、それが限界に達すると決裂します。

頑固なサイレンスタイプ同士が決裂したら、２度と修復できなくなる可能性が高いので、**相手が密かに不満を溜めているようなら、早めに合理的な解決を試みましょう。**

●「パーフェクトタイプ」VSサイレンス・エンジョイ・ウィナータイプ

パーフェクトタイプから見たサイレンスタイプとの相性は、互いに守備的なので悪くありません。

ただ、思考的なサイレンスタイプに対して、あまり感情的にアプローチすると、敬遠されます。

サイレンスタイプは相手を攻撃することはありませんが、我慢できなくなると、黙ってバッサリ相手との関係性を断ち切ってしまうので注意が必要です。

パーフェクトタイプがサイレンスタイプに自分の思いを聞き入れてもらうためには、**「だから」「しかし」「なぜなら」といった接続詞を意識的に入れて、できるだけ論理的に伝えるのがポイントです。**

パーフェクトタイプから見たエンジョイタイプとの相性は最悪です。

長老であるパーフェクトタイプは、エンジョイタイプの子どもっぽい奔放さがとにかく苦手なのです。

しかも、どちらも感情的なので、もしいい合いになったりすると、感情がもつれて収拾がつきません。

パーフェクトタイプがエンジョイタイプに振り回されないようにするには、**自分の世界観と違っても、「いいね！」「さすが！」と意識的にほめて相手の感情をくすぐりましょう。**

また、フラットな関係性を好むエンジョイタイプには、「一緒にやっていきましょう」というと、モチベーションがアップします。

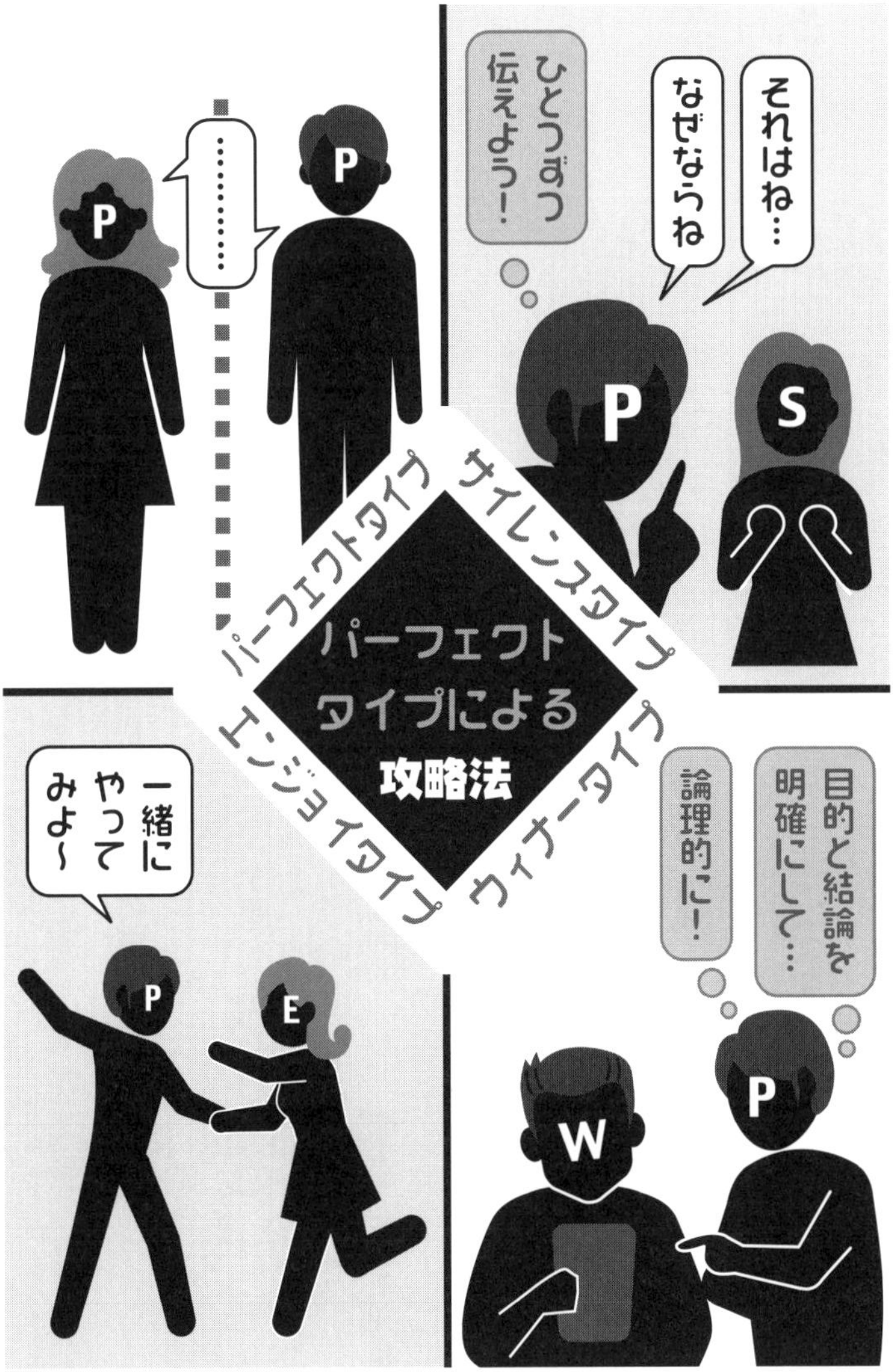
……………
それはね…
なぜならね
ひとつずつ
伝えよう！
パーフェクトタイプ
サイレンスタイプ
パーフェクト
タイプによる
攻略法
エンジョイタイプ
ウィナータイプ
一緒に
やって
みよ～
目的と結論を
明確にして…
論理的に！

パーフェクトタイプとウィナータイプは、真逆の気質なので相性がよくありません。ただ、パーフェクトタイプは長老、ウィナータイプは壮年と、いずれも成熟したおとなの気質を持っています。また、どちらも独特の威厳があるので、人によってはよく似た雰囲気をもっていることがあります。

感覚的なパーフェクトタイプは、ポエムのようなつぶやきや、脈絡のない話し方をすることが多く、思考的かつ攻撃的なウィナータイプにイラっとされることがよくあります。パーフェクトタイプがウィナータイプとうまくやっていくためには、**目的や結論を先にいうことがポイントです**。

パーフェクトタイプ同士は、互いに知恵者の長老たちなので、当たらず障らずうまく共存できます。

ネガティブな傾向があるので、**陰で互いに辛らつな批評をしていることもありますが**、攻撃しあったり、激しく決裂したりすることはありません。

●「エンジョイタイプ」VSサイレンス・パーフェクト・ウィナータイプ

エンジョイタイプは、基本的に楽天的で誰でも分け隔てなく愛する情熱家なので、どのタイプに対しても興味を持って、明るく対応できます。

サイレンスタイプから面倒くさいと敬遠されたり、パーフェクトタイプからうっとおしいと毛嫌いされても、エンジョイタイプは意に介しませんが、相手を攻略したいときは、自分自身をコントロールする必要があります。


エンジョイタイプがサイレンスタイプ&パーフェクトタイプとうまくやっていくためには、思い付きでベラベラ話しかけないことです。


サイレンスタイプはイヤでもおとなしく聞いているふりをしますが、我慢できなくなってくると、返事をしなくなるなど、反応が鈍くなります。

これはサイレンスタイプが「もう限界」と感じているサインなので、矢継ぎ早にしゃべるのをやめ、ゆっくり間を置いて、ゆっくり話すようにしましょう。

パーフェクトタイプの場合は感情がすぐに顔に出るので、不愉快そうな表情を見せたら、エンジョイタイプは仔犬のように「かまってかまって！」とまとわりつくのを控えましょう。

パーフェクトタイプは、感謝されることが好きなので、「あなたのおかげ」「ありがとう」というと、やる気を引き出せます。

面倒見がよくおせっかいなウィナータイプが無邪気な仔犬のように尻尾をぶんぶん振ってなついてくるのに好意的なので、互いにとても相性がいい関係性です。

ただ、**エンジョイタイプが感情に任せて裏切るようなことをすると、ウィナータイプの逆鱗に触れるので、要注意です。**

エンジョイタイプは、謝ることが得意なので、相手を怒らせたと思ったら、すぐに謝って早期解決を図りましょう。

また、ウィナータイプは「自分が1番」というエネルギーが強いので、上下のないフラットな感覚を持ったエンジョイタイプが、「Wさんもすごいけど、Pさんもすごいね！」などとうっかり言おうものなら、即座に機嫌を損ねてしまいます。

ウィナータイプは自分がトップでないと我慢できないので、たとえ二枚舌であっても、「Wさんが1番！」とヨイショするのが得策です。

もし**エンジョイタイプの下にウィナータイプの部下がいたら、アシスタント的な扱いではなく、プロジェクトリーダーを任せたりすると、責任を持って成功に導いてくれます。**

エンジョイタイプ同士は、相性抜群です。自由気ままで上下関係を気にしないので、わ

エンジョイタイプによる
攻略法
パーフェクトタイプ
本当にありがとう！
いえいえ
サイレンスタイプ
順序立ててひとつずつ
伝えて行こう
ウィナータイプ
信じて付いて行きますよ！
任せておけ！
エンジョイタイプ
楽しい！
自由だー！

いわい楽しい子どもの祭りのように賑やかです。

エンジョイタイプ同士は、楽しいイベントの企画などをすると、嬉々としてユニークなアイデアをポンポン出しあいます。

ただ、みんな責任感がないので、お金やスケジュールの管理などは苦手です。

●「ウィナータイプ」VSサイレンス・パーフェクト・エンジョイタイプ

ウィナータイプとサイレンスタイプの相性は、サイレンスタイプのところでも触れましたが、思考的なタイプ同士なので比較的理解しやすい関係性です。

ただ、ウィナータイプは、「自分ができることは、他人もできる」と思っており、目的を達するためには、限界を超えるまでバリバリがんばるべきと思っています。

プレッシャーに弱く、いわれた以上のことはやらないサイレンスタイプに、そうした期待をかけると、固まってしまったり、避けられたりします。

ウィナータイプがサイレンスタイプとうまくやっていくためには、**相手に過度の期待をかけない配慮が必要です。**

思考的かつ攻撃的ウィナータイプと正反対のパーフェクトタイプは、相性がよくありません。

美意識よりも合理性を重視するウィナータイプは、パーフェクトタイプの世界観が理解できないので、ついスルーしてしまいがちですが、パーフェクトタイプとうまくやっていくためには、相手を意識的にほめるようにしましょう。

ただし、単に「いいね！」と大ざっぱにほめても、「何がいいの？」「どういいの？」と怪訝に思われます。

パーフェクトタイプは独自のセンスや創造性をほめられるのが好きなので、「ほかにないセンスだね」「オリジナリティが高いね」などと**相手の独創性をほめると、気を許してくれます**。

ウィナータイプとエンジョイタイプは、互いに好相性です。面倒見のよいウィナータイプは、仔犬のように尻尾を振るエンジョイタイプがかわいいのです。

ただ、気まぐれなエンジョイタイプに何かお願いするときは、**長期的な案件ではなく、アイデア重視の単発案件を頼むのが得策です**。

ウィナータイプ同士は、目標に向かって互いに切磋琢磨し、スピーディにクオリティの高い成果を上げます。

ウィナータイプによる攻略法
パーフェクトタイプ
サイレンスタイプ
エンジョイタイプ
ウィナータイプ
プレッシャーをかけないように気をつけよう…
センス抜群ですよね！
あなたの一番いいところはそこなのよ！
ウィナーのビジネスメモ エンジョイ氏と仕事をするなら
単発案件
長期的

しかし、ウィナータイプは基本的に「自分が1番」という性分なので、同じところで長く共存することは不可能です。

ウィナータイプの**能力を最大限に引き出そうと思うなら、どんなに小さくても、「一国一城」の主となるような采配が必要です。**

コラム
気質学の達人になったら、こんな上級者テクニックも！

気質学を実践して、上級者になったら、メインエネルギー＋2番目のエネルギーの特徴と攻略法も心得ていると役に立ちます。

第1章で、メインのエネルギーが不足していたり、あまりやる気のないときに、「第2の扉」から2番目のエネルギーが出てくるというお話をしましたよね。（P41参照）。

初対面の相手だと、メインのエネルギーは推測できても、2番目のエネルギーまではちょっとわからないかもしれませんが、家族や友人、会社の上司や部下など、日ごろからよくコミュニケーションしている相手なら、簡単にわかります。

「あれ？　この人いつもと違うけど、どうしたんだろう？」と、感じる気質が、相手の2番目のエネルギーです。

本書を何度もお読みになって、気質学の上級者になった方のために、メイン＋2番目のエネルギーの組み合わせによって細分化した攻略法をご紹介します。


メインがサイレンスタイプで、2番目がパーフェクトタイプの人は、機転が利かず、頑固ですが、細かな気配りができ、謙虚で上品な雰囲気があります。

このタイプをうまく動かすには、時間の余裕を与えることが必須です。

要望を伝えるときは、詳細に説明し、「努力すれば、あなたはもっとよくなりますよ」というと、がんばります。努力をほめると、モチベーションが上がります。

メインがサイレンスタイプで、2番目がエンジョイタイプの人は、決められたことを着実に進める実務的なところと、新しいことを楽しむところがあります。人当たりはソフトで穏やかな印象で、内面的なかわいらしさがあります。

このタイプをコントロールするには、個々の作業が完了するまで指示を出し、経過を見

守る必要があります。

完了するたびに「いいね！」とほめることで、指示通り完了することは、楽しくて安心できることなのだと思わせることがポイントです。

メインがサイレンスタイプで、２番目がウィナータイプの人は、合理的に思考するため、たとえ苦手なことでも、必要だと理解すれば努力します。

ただ、頑固な面があるので、いったん決めたら、あまり融通が利きません。

このタイプをうまく誘導するには、論理的に伝えるのが鉄則です。課題は小分けにして、優先順位をつけて提供すると、イヤなことでも着実に対応します。

メインがパーフェクトタイプで、２番目がサイレンスタイプの人は、完璧を好み、変化を嫌うので、安心・安全を求めて自己中心的になりがちです。

ときには完璧な安全を求めるあまり、無意識にウソをついてしまうことがあります。

このタイプと何かするときは、内容や進捗を何度も細かく確認し、できたことは、その都度ほめるようにすると、安心して約束を守ってくれます。

メインがパーフェクトタイプで、２番目がエンジョイタイプの人は、理屈より感情に傾くので、ものごとを好き嫌いで決める傾向があります。

自分が好きになったことに徹底的にこだわり、完璧を求めて探求します。

このタイプは、個性豊かで、独創的な芸術家気質なので、得意な面を伸ばしてあげると、本領を発揮します。

ただ、自分自身が「これで完璧だ」と思ったら、それ以外のことは中途半端になったりするので、まだ探求すべき点があると誘導すると、さらに完成度を高められます。

メインがパーフェクトタイプで、2番目がウィナータイプの人は、献身的な反面、人をバカにするなど、相反する面が同居しています。

上品さの中に威厳があり、完璧を求めて、さも自信があるようにふるまいますが、あまり行動が伴いません。

このタイプをうまく動かすには、達成した後の利得を伝えるとモチベーションが上がります。責任を伴うことは、リスク分散をしてあげると、安心してがんばります。

メインがエンジョイタイプで2番目がサイレンスタイプの人は、活動的な一方、1つずつ着実にこなしていくことも得意で、控えめなかわいらしさがあります。

このタイプは、必要なことと、自分が楽しいことの選択がぶれやすい傾向があるので、何か頼むときには、楽しさも伝えましょう。

また、ほうっておくと、楽しいことにかまけて必要なことを忘れていることがあるので、しつこくない程度に、ときどき声をかけるようにしましょう。

メインがエンジョイタイプで、２番目がパーフェクトタイプの人は、ものごとを最終決定する際、自分の好き嫌いや楽しさを優先します。発想力が豊かで、独創的ですが、会話が自分の興味のある方向にどんどん飛びやすい傾向があります。

このタイプには、好きなこと、楽しいことを探求させ、できたことについては人前で大げさに細部までほめるとやる気が出て、オリジナリティのある働きを見せます。

メインがエンジョイタイプで、２番目がウィナータイプの人は、頭の回転も速く、自分の成果につながるなら、過剰評価もウソも必然と考えています。思い立ったら即行動するため、行動に一貫性がないことがあります。

このタイプをうまく動かすには、次々と企画を投げることで、「自分は必要とされている。頼られている」という優越感を感じさせましょう。そうすると、スピーティにどんどん応えてくれます。

メインがウィナータイプで、２番目がサイレンスタイプの人は、何ごとも常に目的に向かうタスクと考えるため、感情に簡単に左右されず、時には人をバッサリ切り捨てることもいとわない冷徹さがあります。

ただ、自分の能力が追い付かなくなると、行動力も低下してしまいます。

このタイプは、感情に左右されませんが、人一倍、悔しさをバネにするので、その部分を刺激すると伸びます。

計画力も目的を完遂する力も優れているので、重要なポストを与えると、自ら成長しようと努力します。

メインがウィナータイプで、2番目がパーフェクトタイプの人は、大きな課題に意欲的にチャレンジしようとする反面、リスクを心配して消極的になるため、行動があまり伴いません。

自分の考えが他者に理解され、尽くしてくれる人がいるとがんばれます。

このタイプをうまく動かすには、成果を上げた際の利得や、その人の働きが他者のためになることを伝えましょう。

メインがウィナータイプで、2番目がエンジョイタイプの人は、自分の考えに合わないと瞬間的にぶちキレて、大声を出すことがあります。

頭の回転が速く、自分に利得があれば、手を返したような行動もとります。

このタイプをうまく動かすには、その人にとって有意義な成果や報酬、人脈など、目に見えるわかりやすい利得を伝えると、モチベーションがぐっと上がります。

４タイプの攻略法が身に付いて、気質学の上級者になったら、こうしたより細かな攻略法を駆使できるようになります。

第4章

仕事は人間関係で決まる

～気質学を仕事に活かす方法～

4タイプの適職とは?

4つの気質タイプは、その人の「仕事」や「職業」にも大きく関わってきます。

仕事は決してひとりでは成り立ちません。会社の上司、部下、同僚、取引先、外注先、接客相手、クレーム相手などなど、さまざまな人間関係の中で成り立っています。

「今の仕事は天職！　人間関係も理想的！」

もしそう思えるなら、今の仕事を続けることで、どんどん邁進していけるでしょう。

しかし、**日本における職場の悩みやストレスの原因の多くは「人間関係」であることが、厚生労働省の統計をはじめとする調査データでも明らかになっています。**

昨今は、パワハラによる自殺やパワハラ上司に対する告発スキャンダルなども、社会の耳目を集めています。

「もっとストレスなく仕事したい」

「もっと仕事に対するやる気をアップしたい」

「もっと会社で伸び伸びと仕事したい」

もし、今あなたがそんな風に感じているなら、適職に就いていなかったり、適したポジションに立っていないのかもしれません。

4つのタイプには、それぞれの気質に合った職業があります。

サイレンスタイプを象徴する職業は秘書です。いわれたことを、変にアレンジせず、正確に伝えて、用意周到にスケジュールを管理する秘書は、まさにサイレンスタイプの気質にぴったりといえます。

よけいなことはいわず、任務に忠実なサイレンスタイプは、役所の事務員や、有力者の参謀、スパイ（諜報部員）にも向いています。

パーフェクトタイプを象徴するのは、高いセンスや創造性が求められるクリエイティブ系の職業です。

このタイプは組織が苦手なので、1体1で対峙するカウンセラーにも向いています。

エンジョイタイプは、**上下関係を気にせず、誰の懐にでも屈託なく飛び込めるので営業職に向いています。**

ものおじしないので、新規開拓の飛び込み営業もお手のものです。

リーダーの気質を持ったウィナータイプは、経営者や政治家など、データ的にも人の上に立つ職業に就いている率が高いといえます。

ウィナータイプは**一見、エラそうに見えますが、責任感が強く、人のためになることを命がけで遂行するので、警察官や消防士などの職業にも向いています。**

ただ、たとえば「教師」という職業を1つとっても、技術を正確に教えることが求められるパソコンなどのインストラクターから、子どもを育成する人間力も問われる小中学校の教師、受験に特化した予備校のカリスマ教師まで、ひとくくりにはできないので、「○○タイプはこの職業」という風に単純に決めつけることはできません。

第4章では、接客や営業、クレーム対応など、実際の仕事の現場に即した気質学のノウハウをお伝えします。

それぞれのタイプに応じた攻略法が満載なので、ぜひ職場の人間関係を思いのままに操るテクニックとしてお役立てください。

初対面で相手のタイプを瞬時にジャッジするコツ

相手のタイプによって、攻略法がそれぞれ異なるので、営業や接客などをする際は、ぱっと見ただけで、「この人はきっと○○タイプだな」と、初対面の人物の気質をジャッ

ジする必要があります。

見た目で４タイプを判断するコツは、次の通りです。

●「分相応」を地で行くサイレンスタイプ

サイレンスタイプは目立つことが嫌いなので、地味で無難な格好をしています。

年齢を問わず、リクルートスーツのようなきちんとした身なりで、靴やバッグも黒、紺、茶、ベージュ、グレーといった落ち着いたトーンです。

アクセサリー類も、派手なデザインのものは決して身に着けず、ネイルなどもナチュラルカラーで全体に落ち着いた印象です。

あいさつをしたり、名刺を渡すときも、腰が低く控えめです。

乗っている車は、レクサスのような安心・安全な国産車です。

自宅やオフィスに訪問したら、素っ気ないファイルキャビネットなどに、書類や本がきちんと整理して並べられています。

●「センス」が光るパーフェクトタイプ

パーフェクトタイプはハイセンスで品格のあるものが好きなので、見るからにお洒落です。男性の場合は、シックでダンディな雰囲気です。

本物志向なので、バッグやアクセサ

リー類も、凝ったブランド品や、個性的なアイテムを身に着けていますが、雨の日でもピンヒールを履くなど、機能より見た目重視を貫きます。ネイルやヘアスタイルなども洗練されています。

あいさつしたり名刺を渡すときは、ちょっと気取った印象です。

乗っている車は、アウディのようなクールな外国産の高級車です。

自宅やオフィスには、生活感のあるものがなく、デザイナーズ家具などが置かれたスタイリッシュな雰囲気です。

●「遊び心」のあるエンジョイタイプ

エンジョイタイプは、華やかなものが好きなので、キラキラしたものやカラフルなもの、丸みのあるかわいらしいデザインのものを身に着けています。

新しいものが大好きですが、流行より自分自身が楽しいことが大切なので、遊び心のあるアイテムを持っています。

ドレスコードも気にしないので、場違いな格好をしていることもあります。

一見チャラい印象ですが、あいさつをするときはかわいげのある屈託のない笑顔を見せ

ます。ただ、渡した名刺をすぐになくしてしまったりします。

乗っている車は、ＢＭＷや派手なイタリア車です。自宅やオフィスには、カラフルな飾りものやおもちゃなどがゴチャゴチャ並んでいます。

●「機能」を重視するウィナータイプ

ウィナータイプは、あまりお洒落に興味がなく、センスもないので、**基本的にＴＰＯに合わせた機能的で色味の少ない服装をしています。**

アクセサリー類も不要な装飾を嫌うのでシンプルです。時計もひと目で時間がわかるデジタル時計を好みます。

このタイプは策士なので、身だしなみ1つにも目的があります。ブランドに興味はありませんが、ブランドものを身に着けたほうが、相手に一目置かれていい契約がとれると思えば、武器としてブランド品を身に着けたり、派手なネイルをすることもあります。

自分が1番上でないと気が済まないので、初対面でも堂々としており、名刺を投げるように渡したり、椅子にどっしり座るなど、尊大な態度が見られます。

乗っている車も、見た目の派手さより安定感のある質実剛健なベンツです。

自宅やオフィスも、ムダな装飾や不要なものが一切無く、すっきりシンプルです。家具のデザインも機能性重視で、合理的に動けるように配置されています。

押す・引く・持ち上げる・乗る・立てる――4タイプへの接客極意

接客する際、相手が何タイプかによって、有効な接し方や売り方が異なります。

第1章でお話ししたとおり、**日本人の6～7割は、サイレンスタイプとパーフェクトタイプ**なので、この2タイプの攻略法を心得ると、接客や営業で大きな成果を上げることができるはずです。

また、**ウィナータイプは、4タイプの中で最も高額商品や大量購入をする可能性が高いので、攻略法を間違えないことが大切です。**

ここでは、ショップでの販売員の接客を例に、効果的な接客テクニックや、決してやってはいけないNG接客パターン、相手に「買おう」「また来よう」と思わせる接客キラーワードを4つのタイプ別にご説明します。

ここでご紹介する接客術は、ショップ以外でも、飲食店やホテルなど、さまざまなサービス業の接客に応用できます。

●「押せば引く」「引くと来る」サイレンスタイプ

サイレンスタイプは、**販売員が他のお客さんの接客をしているのを確認して入店します。もし、販売員にあれこれ話しかけられたら、いったんお店を出て、また別の機会に来店します。**

このタイプはあれこれ勧められても、決して衝動買いはせず、ほしい洋服以外には目移りしたりしません。

最近、人気セレクトショップが、買い物客が販売員から「声かけをしないでほしい」という意思表示をするためのショッピングバッグを作って話題になりましたが、サイレンスタイプの人にピッタリのバッグかもしれません。

サイレンスタイプは「押せば引く」けれど、「引くと来る」性質があるので、何か買いたそうにしていても、しつこく押すと逃げられます。ただ、心の中でほしいと思っていても、自分では決めきれず、他者の同意がほしいと思っています。

「これ、合うかしら……」と聞かれたら、「はい、とてもお似合いだと思います」と、**背中をそっと押してあげると、一気に購買する決意が固まります。**

品物を包んでお渡しするとき、「よかったですね。お似合いの品が見つかって」と静かに微笑むと、サイレンスタイプは「ここはいい店」と自分の中で認定し、根強いリピーターになってくれます。

お金の使い方はとても堅実なので、高額商品に飛びついて、無理なローンを組むようなことは決してありません。

☆接客キラーワード **「はい、とてもお似合いだと思います」**

●VIP扱いに舞い上がるパーフェクトタイプ

パーフェクトタイプは、販売員にうるさく声を掛けられるのも苦手ですが、ちやほやされるのが好きな性分なので、ぽつんと放っておかれるのもイヤです。

このタイプは上品にふるまっていても、感情がすぐに顔に出るので、不愉快そうな表情のときは、接客に何か気に入らないことがあるサインです。

逆に、**販売員にラグジュアリーなVIPルームに案内されて特別扱いをされたり、「あなただけに」「特別に」「ステキです」といわれると、いい気分になって購買意欲が一気に上がります。**

ただ、こだわりが強いので、事前に雑誌やカタログなどで下調べをしている場合も多く、どんなに勧められても衝動買いはせず、いろいろ検討して、自分の好みのものだけを選びます。

目利きで本物志向なので、高額なブランド品も気に入れば手に入れますが、慎重派なので、お金の使い方は派手ではありません。本当に好きなものしか買わないので、財布のひもはかなり堅いほうです。

☆接客キラーワード　**「あなただけに」「特別に」「ステキです」**

●楽しいとノリノリになるエンジョイタイプ

エンジョイタイプは、販売員に商品の説明をしてもらうだけでなく、その場の会話を楽しみたいと思っています。

そのため、販売員のノリがよくないと、購買意欲が下がります。

「いいね！」「カッコいい！」「イケてる！」「超カワイイ！」といったノリノリの言葉でほめると、「ホント?!」とうれしくなって購買意欲が上がります。

販売員と話が盛り上がると、あれこれ目移りしながらいろいろ衝動買いします。

しかし、**後日、「やっぱり、なんか違った～」などと、返品したり、解約したりするこ**

とが多いのもこのタイプです。

エンジョイタイプは後先を考えず無計画に買い物をしがちなので、カード破産なども多いといえます。長期ローンなどを組む際は、先々の返済に支障を来す可能性があるので注意が必要です。

☆接客キラーワード

「いいね！」「カッコいい！」「イケてる！」「カワイイ！」

●接客が気に入れば、高額商品や大量購入もありうるウィナータイプ

ウィナータイプは、**礼儀にうるさいので、入店したとき、いの一番に販売員が「いらっしゃいませ」と、自分の目を見て、ていねいにあいさつをして迎えてくれるかどうかが重要です。**

最上級の扱いを受けないと、ウィナータイプは気分を害するので、販売員が他のお客さんの接客を優先して、「少々お待ちください」などといおうものなら、ほしいものがあってもサッサと店を変えます。

ただ、あまりしつこく接客されるのも煩わしく感じるので、あいさつをした後は、「どうぞごゆっくりご覧ください。何かありましたらお声がけください」といってスッと離れ

て待機し、呼ばれたらサッと応対するようにしましょう。

ウィナータイプに何かいわれたら、「おっしゃる通りです」「さすがよくご存じですね」「貴重なご意見ありがとうございます」などと相手を立てるのが鉄則です。ただ、「ありがとうございます」を何度もいうと、うるさく思われるので、注意しましょう。

もし商品について聞かれたら、論理的かつ簡潔に説明しましょう。

ウィナータイプは、商品そのものより、作り手の意図や生きざまに興味を持ちます。たとえば、伝統を守る職人たちが丹精込めて作っていることなどを説明すると、感服して高額でも買ってくれたりします。

また、**販売員にプロならではの提案があったり、接客態度が気に入る**と、セット買いしたり、同じデザインで色違いのものをまとめ買いしてくれたりもします。

面倒見がいい親分肌なので、行きつけのお店なら、オーナーの顔を立てるために商品を買うこともあります。

このタイプは、値札も見ずに買うような太っ腹なところがあり、ときには借金を抱えることもありますが、責任感が強いので、がんばって完済します。

☆接客キラーワード　**「おっしゃる通りです」「さすがよくご存じですね」**

サイレンスタイプ
店員さんとの会話は苦手…
ひとりでじっくり選びたい
あいさつしたら遠くから見守ろう…
キョロキョロ
そろそろ私の出番かな…?
タイプ別 洋服売り場での適切な接客
かなりこだわった仕立てだね…
おっしゃる通りです伝統職人の手による逸品です
貴重なご意見ありがとうございます
なかなかの接客対応だ
プロとして勉強しているな
ウィナータイプ

パーフェクトタイプ
こちらがおしゃれなお客さまに、特別にご紹介したい品です
いつも本当に素敵ですよね
ありがとう…
やっぱりこのお店は私のことわかってるわね
STAFF
タイプ別 洋服売り場での適切な接客
お似合いです
モデルみたい
カッコいい！
そう？ホント？
買っちゃおっかなー！
STAFF
エンジョイタイプ

苦手な相手にいかに売るか?——販売員の4タイプ別接客術

4タイプに対する接客ポイントがわかったところで、今度は各タイプが接客をする側になった場合の留意点をご説明します。

●サイレンスタイプの販売員はていねいだけど押しが弱い

まず、サイレンスタイプ同士は、互いに踏み込まないので、接客する側も、顧客もストレスがありません。

ただ、先述のとおり、サイレンスタイプは購入を決める際、**最後に背中を一押しされたいので、そのタイミングを逃さない**ようにしましょう。

サイレンスタイプがパーフェクトタイプに接客する際は、素っ気なく思われるので、**相手のセンスをほめるなどのリップサービスを忘れない**ようにしましょう。

サイレンスタイプがエンジョイタイプに接客する際は、苦手意識から引いてしまいがちになりますが、**極力笑顔を作って相手の話を聞いてあげましょう。**

サイレンスタイプはあいさつがていねいで、しつこくないので、ウィナータイプに接客する際は比較的好印象を持たれます。

ただ、おとなしすぎて押しが弱いので、高額商品を売りたいときは、「おっしゃる通りです」「さすがですね」といった**接客キラーワードをいうタイミングを逃さない**ようにしましょう。

●パーフェクトタイプの販売員はおすまし猫のよう

パーフェクトタイプの販売員は、とりすました猫のような雰囲気があります。

そのため、少しとっつきにくいオーラを出していますが、販売員にしつこくされたくないサイレンスタイプにとっては、願ったりの距離感です。

パーフェクトタイプの販売員は、サイレンスタイプが商品を持ってきょろきょろし始めたら、買いたいというサインなので、近寄って、「それ、私もいいと思います」と**そっと後押ししてあげましょう。**

パーフェクトタイプの販売員は、パーフェクトタイプのお客様にとっては、上品でセンスもあり、第一印象が良く、良好な関係を保ちやすいですが、自分の方がより完璧よねという感情が表情や言葉に出やすい為、それに気づかれないよう注意しましょう。

とりすました猫のようなパーフェクトタイプの販売員は、仔犬のように落ち着きがないエンジョイタイプの顧客には、「ここは、あなたの来るようなお店じゃなくてよ」とでもいいたげな、冷めた態度をとりがちです。エンジョイタイプの顧客も、ノリが悪い販売員のいる店はおもしろくないので長居しません。

エンジョイタイプにアプローチしたい場合は、**笑顔を忘れないようにしましょう。**

パーフェクトタイプがウィナータイプに接客する際は、上から目線だと思われないように、相手を立てることを忘れず、**商品説明をする際は、論理的に伝えましょう。**

●エンジョイタイプの販売員は明るく元気いっぱい

エンジョイタイプはものおじしないので、接客する際も「いらっしゃいませえ〜」と明るくノリノリで、元気いっぱいです。

顧客のニーズより、自分の好きなものをどんどん勧めたりします。

「これもステキでしょっ」などと、旧知の友のように親しげに接してくる〝ため口販売員〟の多くはエンジョイタイプです。

サイレンスタイプは、相手かまわずしゃべりかけてくるエンジョイタイプの販売員が、天敵のように苦手です。

サイレンスタイプは「押せば引く」ので、ノリノリで接客されると、本当は買いたいものがあっても、早々に退散して、その店には2度と来なくなります。

接客する際は、**距離を置いて静かに見守るようにしましょう。**

パーフェクトタイプも、エンジョイタイプのノリノリの接客が苦手です。**不機嫌そうな顔をしていたら、やはり距離を置いて見守りましょう。**

ただ、パーフェクトタイプはどうしても自分のほしいものがあれば、たとえ販売員が苦手でも、商品を買います。

販売員も顧客もエンジョイタイプ同士の場合は、相性抜群です。**互いに会話もノリノリに盛り上がって楽しい接客になり、商品も売れます。**

ウィナータイプもエンジョイタイプのおしゃべりな接客をうっとおしく感じますし、あいさつがいい加減だったり、タメ口で話そうものなら、店を即出ます。

このタイプには、仔犬のようにキャンキャンまとわりつかず、少し距離を置いて、「待て」の状態でおとなしく待機しましょう。

「これ、試着したいんだけど」などといわれたら、**相手を待たせず、ダッシュで相手の要**

望に応えましょう。ただし、そこで調子に乗ってあれこれしつこく勧めたりするのはご法度です。

●ウィナータイプは接客に不向き!?

負けず嫌いのウィナータイプは、自分が最上位の扱いを受けないと我慢できないオレサマ気質なので、お客さまを最上位に扱わなければならない接客業にはあまり向いていないといえます。

堂々としていて威圧感があるので、どうしてもエラそうに見えてしまいますし、おせっかいな親分肌なので、お客さまにズバズバと高飛車なものいいをしてしまったりします。ただ、**リーダーシップがあるので、接客スタッフをまとめるリーダー役には非常に向いています。**

もしウィナータイプがメインのエネルギーでも、2番目のエネルギーがエンジョイタイプだったり、どのエネルギーもあまり差がないマルチタイプなら、接客もバランスよくこなせるはずです。

リピーターをいかに育てるか？――サロンワークの４タイプ別接客術

ショップでの４タイプ別接客術のサロン編として、「美容院」における対応術をアドバイスします。エステティックサロンやネイルサロン、まつげエクステサロンなど、サロンワークの接客に応用できます。

まず、サイレンスタイプは、１度気に入ったショップの根強いリピーターになるとお話ししましたが、美容院にも同じことがいえます。

サイレンスタイプは、ヘアスタイリストに自分の希望を伝えるときに緊張しやすく、また、**自分の思っている通りのヘアスタイルにならないと不安なので、いつも同じ美容院の同じスタッフにお願いします。**

このタイプに「今回はこんな感じにしてみてはいかがですか？」と、違うヘアスタイルを勧めると、変化や冒険を恐れるので不安を与えます。

「今回もいつもの感じでいきますね」と、**相手のよき理解者であることを示すと、**相手は「この人に任せれば安心だな」と思います。

パーフェクトタイプも、１度気に入ったら、美容院を変えませんが、美を追求するのが好きなので、スタッフが新しい提案をすれば、興味を示してくれます。

ただ、**心配性なので、細かな質問をたくさんしてきます。相手が知りたがっていることについて、納得する説明をして安心させてあげることが大切です。**

また、パーフェクトタイプは完璧に仕上げてもらえるまで、「もうちょっとここを揃えて」「もう少しこの辺りにカールを出して」などと、細かな注文をしてくるので、それにていねいに対応する細やかさが求められます。

エンジョイタイプは、髪を切ろうと思ったら、そのたびにインターネットで調べて気になる美容院に行ってみます。

ヘアスタイルやカラーリングもちょくちょく変えるので、流行のスタイルを提案すると、楽しんでチャレンジしてくれます。

エンジョイタイプにリピートしてもらうには、**新しいサービスや期間限定の割引をするなど、興味を引くようなネタをメールでこまめに送る**と、飛びついてくる可能性があります。

ウィナータイプは、美容院のスタッフが、**プロとしての高い技術力やアドバイス力を持っているかどうかをしっかり重視しています。**

常に自分に礼儀を尽くしているかどうかもチェックしているので、ウィナータイプとどんなに顔見知りで親しくなっても、「親しき仲にも礼儀あり」という気持ちを忘れないことが大切です。

このタイプは、**1度信頼したら、お店も変えず、細かな注文もいわず、値段も気にしないので、とてもいいリピーターになります。**

ただ、顧客対応に少しでも気になることがあると、その場ではっきりいってくるので、すぐに誠実に対応することが重要です。

ピンチをいかに切り抜けるか?――4タイプ別クレーム対応術

クレーマーが多い昨今、クレーム対応はどんなビジネスにも必須です。

クレームが発生してピンチに陥っても、相手に合わせた対応をすることで、ピンチをチャンスに転じることができます。

4タイプの気質によって、クレームの対処法も違ってきます。

サイレンスタイプは、声を上げてクレームをいい立てることはしませんが、おとなしいからといって安心してはいけません。

このタイプの**最大のクレームは、「無言」になること**だからです。

サイレンスタイプが無言になったら、長年の付き合いがあっても、2度と関係が修復しない可能性が高いでしょう。取引先との関係もバッサリ切ってきます。

相手の反応がだんだん鈍くなってきたら、「これはまずい！」と気付いて、手遅れになる前に問題解決を図りましょう。

パーフェクトタイプも、声高にクレームをいって相手を責めたりはしません。

ただ、**こじれるといつまでもネガティブに愚痴をいい続けます。**

このタイプは気に入らないことがあると、すぐに顔に出るので、そこでちゃんとフォローするようにしましょう。**クレームに対して何をしてくれるかで誠意を見たいのです。**

エンジョイタイプは、**問題が起きたときはワーワー文句をいって騒ぎますが、いつまでも引きずりません。**

嵐が通り過ぎるのを待っていれば、すぐに忘れてしまいます。

ウィナータイプは、礼儀がなっていなかったり、理屈に合わないことがあったりすると、その場ですぐにズバッとクレームをいいます。

もしそこで対応が悪ければ、「あなたじゃ話にならない。もっと上の人を出して」と、決してうやむやにはしません。**謝罪する際に、最初に割引や謝罪の品を出した時点で、更にもめる事になります。なぜそうなったか、プロセスを話す事も重要です。**

納得のいく対応をしなければ、訴訟も辞さず、決着がつくまで戦うので、ウィナータイプをひとたび怒らせると大変です。

根底にはおせっかいなところがあるので、このタイプが指摘するクレームは、耳が痛いかもしれないけれど、実は貴重な意見でもあります。

「貴重なご意見をありがとうございます」と丁重に受けとめ、人として誠実な対応を見せることで、逆に信頼され、ピンチをチャンスに転じることも可能です。

モチベーションをいかに上げるか？――4タイプ別叱り方とほめ方

「ぼくって、ほめられて伸びるタイプなんです」

「私は、ガツンと怒られたらもうやる気なくなっちゃう……」

叱って相手のよくないところを直してもらったり、ほめて相手のよいところを伸ばすとき、4つのタイプによって、叱りポイントとほめポイントが変わってきます。

サイレンスタイプは、**人前で叱ると、非常に落ち込みます**。

もし、サイレンスタイプの部下に激しい怒りをぶつけようものなら、翌日に退職届けが提出されたり、引きこもって出社拒否になってしまったりします。

サイレンスタイプに何か注意して改善を促したいときは、**人のいないところに呼んで、感情に任せず、論理的かつ冷静に諭しましょう**。

ほめるときも、人前でおおげさにほめると緊張して素直に喜べません。個人的にそっと耳打ちするように、ちょっとしたことでもほめてあげるとやる気がアップします。

パーフェクトタイプは、理詰めでチクチク叱られたり、**人前でガミガミ怒られたりするのが大の苦手です**。

感情的で人目を気にするパーフェクトタイプは、人前で恥をかかされることを嫌うので、もし大勢の前で叱ると、不快感をあらわにしてフリーズします。

このタイプは**心配性なので、注意を促したいときは、「こうしないと、これがダメになる」などとリスクをチラつかせると、リスクを回避しようとして改善します**。

パーフェクトタイプをほめるときは、「そのブラウスの衿元の刺繍、すごく繊細でステキだね」などと、細かなことに気付いてほめると喜びます。

また、「あなたのおかげで、いい仕事ができた。ありがとう」などと努力をねぎらうと、モチベーションが上がります。

エンジョイタイプは、人前で叱られても気にしません。**懲りずにまた同じミスを平気で繰り返します**。怒るときはガツンときつくいわないと、効き目がありません。すぐに叱られたことは、忘れます。

エンジョイタイプをほめるときは、**人前で「いいね！」「最高！」と大げさにほめると、テンションが上がって、「よし、やるぞ！」と勢いづきます**。

ウィナータイプは、上から目線で怒られると、ムッとして憎しみを抱きます。

このタイプに注意を促したいときは、**面と向かって叱るのではなく、別の人物の話題にすり替えて、気付かせましょう**。

たとえば、「Aさんて、礼儀知らずだよね。あいさつもできないなんて、人として最低だよね」などと相手の悪いところを他人の話題にすり替えて辛らつにこきおろすと、「実はこれは自分のことを指しているんだな」と即察知して、「悔しいから、ちゃんとしてやる!」と自らがんばって改善してくれます。

ウィナータイプをほめるときは、**本人の生きざまや、その人がリーダーを務めたチーム全体をほめると、がんばろうと思います。**

このように、叱り方とほめ方のツボも、タイプによって大きく異なります。ノルマを課す際も、やはりそれぞれ反応がまったく違ってきます。

サイレンスタイプは、ノルマを恐れてできるだけ避けたがります。
パーフェクトタイプは、ノルマがあると、うんざりして萎えます。
エンジョイタイプは、ノルマをゲームのように大いに楽しみます。
ウィナータイプは、ノルマがあると、達成目標が明確になるので燃えます。

「叱る」「ほめる」「ノルマを課す」という、一般にモチベーションを上げるといわれている方法論も、相手のタイプに合わせてさじ加減を巧みにコントロールすることで、効き目が全然違ってくるのです。

タイプ別
ほめ方と叱り方
パーフェクトタイプ
ほめる しかる
1対1で
あの件は注意しないと危ないよ
この前はありがとう
サイレンスタイプ
ほめる しかる
1対1で
給湯室
あの件は注意して
内容よかったわー
エンジョイタイプ
ほめる
人前で
よくやった！
最高だ！
しかる
どういうことだ！
人前で
ウィナータイプ
ほめる
君の部下はいい働きをするね♥
身内の手柄は俺の手腕…
しかる
プレッシャー

第5章

気質学を「恋愛」に活かす

男と女の関係も気質学でスッキリ解決！

「どうすれば、もっと彼女を惹きつけることができるだろう？」
「どうすれば、彼を落とすことができるだろう？」
「どうしたら、もっと夫婦なかよくできるだろう？」

自分の気質と相手の気質を理解していると、こうした「恋愛関係」や「夫婦関係」といった男女間の問題についてもうまくコントロールできるようになります。

基本的に、４つの気質に男女の差はありません。

同じ気質タイプであれば、男性でも女性でも、その気質の特徴を持っています。

ただ、気質が合わない人同士がお付き合いしたり、結婚したりすると、いろいろな問題が生じてきます。

「なぜかいつも彼に振り回されてしまう……」
「気がつくといつもケンカしている……」

そんな人は、相手の気質を理解すると、意中の人やパートナーの気持ちが手に取るようによくわかるようになります。

そうすれば、パートナーの気質に合わせて対応できるので、むやみに恋人に振り回されたり、ぶつかったりすることがなくなり、もっとハッピーな恋愛関係や夫婦関係を営むことができるようになります。

婚活パーティに行ったら？――合うタイプと苦手なタイプの見極め方

「憧れの人をなんとか振り向かせたい」
「好きな人のハートをがっちりつかみたい」
「愛する人を自分にメロメロにさせたい」

相手の気質を理解すると、そんな願いを叶えるのも不可能ではありません。

たとえば、婚活パーティで、４つの気質タイプがそれぞれ４つのテーブルに分かれていたとします。

あなたが女性なら、テーブルにいるのは男性だと思ってください。

あなたが男性なら、テーブルにいるのは女性だと思ってください。

サイレンスタイプのテーブルにいるのは、**身だしなみがきちんと整っているけれど、決して派手ではない、男性ならリクルートスーツのような、女性も際立った特徴のないいでたちの人が集中しています。**

みんなとてもおとなしく、互いのことに立ち入らないように気遣っている様子で、**４つのテーブルの中で１番もの静かな雰囲気です。**

パーフェクトタイプのテーブルには、**質のいいものを身にまとい、凝ったブランドものなどを持った、ファッショニスタ風の気取った感じの人たちが集中しています。**

一緒のテーブルにいても、まるで猫集会でもしているように、それぞれ思い思いにやんわりと違うことをしています。

エンジョイタイプのテーブルには、**カラフルなものや柄ものを身に着けた、ちょっとチャラい感じだけれど笑顔の明るい人が集中しています。**

みんなでワイワイガヤガヤおしゃべりに興じて、大笑いしたり、互いにお酒を注ぎ回ったり、**４つのテーブルの中で１番盛り上がっています。**

ウィナータイプのテーブルにいるのは、**ムダな飾り気も遊び心もいっさいない、すっきりと機能的な服装をして、立ち居振る舞いの堂々とした感じの人が集まっています。**

椅子にでんと座って、ちょっと尊大な雰囲気ですが、互いにまったくものおじせず、威厳があります。ムダ話はしていませんが、必要に応じて理知的に会話をしています。

さて、あなたなら、どのテーブルに１番行きたいですか？

そして、どのテーブルには１番行きたくないですか？

１番行きたいテーブルは、あなたの気質に１番合うタイプです。

１番行きたくないテーブルは、あなたの気質に１番合わないタイプです。

「このテーブルも行ってみたいし、あのテーブルも興味がある」

そんな風に、１番行きたいテーブルを決められない人も多いでしょう。

けれど、「このテーブルだけは絶対にイヤ」と感じるテーブルは、すぐに決められるのではないでしょうか？

もしサイレンスタイプのテーブルだけには行きたくないと思うのなら、サイレンスタイプの相手はあまり自分のパートナーに向かないといえます。

サイレンスタイプ
今年は紅葉が早いとか…
そうですね
いい季節になりましたね
♥タイプ別★お見合いパーティ♥
ウィナータイプ
お考え通りで、○○は伸び悩んでますよね
最近の社会情勢はどう考えますか？

パーフェクトタイプ
♥タイプ別★お見合いパーティ♥
乾杯～！
やっほー！！
エンジョイタイプ
乾杯～！
Yeah!

もし恋人になったり、結婚しても、やはりうまくいかない可能性が高いので、自分のパートナーとしては「ハズレ」です。もちろん、互いに相手の気質をよく心得て、賢く立ち回ることができれば、うまくやっていくこともできますが、気質的に合わない面が多い分だけ、乗り越えるハードルも高くなることを覚悟しておきましょう。

現実的には、必ずしもパーティで同じ気質のタイプの人が、同じテーブルに集まっているとは限りません。

でも、よく観察すれば、相手の見た目や醸し出す雰囲気で、4つのタイプの中のどのタイプかがなんとなくわかります。

パーティではとかくあれこれ目移りしてしまいがちですが、**相手がどのタイプかを見極める目を養うと、自分にとっての「ハズレ」に当たる確率が下がります。**

まだ理想のパートナーに巡り合っていない人は、まずパートナー選びの段階で、「ハズレ」を選ばないことが鉄則です。

相性の悪いタイプの組み合わせとは？

どのタイプとどのタイプの組み合わせのカップルが、相性がいいとか悪いとかいうことは一概にはいえませんが、**強いていうなら気を付けなければならないのは、パーフェクトタイプ×エンジョイタイプのカップルと、パーフェクトタイプ×ウィナータイプのカップルです。**

この2つの組み合わせは、うまくかみあわなかったり、ぶつかったりしやすく、あまり長続きしない傾向があるといえます。

パーフェクトタイプとエンジョイタイプのカップルが合わないのは、**互いに思考より感情が優位なので、もめると感情のぶつかりあいになってしまい、収拾がつかなくなるからです。**

パーフェクトタイプはネガティブで、エンジョイタイプはポジティブなので、そのギャップも感情のすれ違いに拍車をかけます。

ただ、あまり悩まず明るいエンジョイタイプに、ネガティブなパーフェクトタイプは救われることもあるので、この組み合わせのカップルが絶対に成り立たないわけではありません。

一方、パーフェクトタイプ×ウィナータイプのカップルは、**前者が感情的で守備型に対し、後者が思考的で攻撃型な為、そこですれ違いが生じがちです。**

ウィナータイプの**理詰めに耐えかねると、パーフェクトタイプは逆切れしてしまうことがあります。**

ただ、たとえば妻がパーフェクトタイプで、夫がウィナータイプだと認識していれば、ケンカになりそうになっても、「彼が理屈っぽいのは、気質のせいで、私に意地悪をしているわけではないんだ」とか、「彼女が感情的になってしまうのは、気質のせいだから、あまり理詰めで話すのは控えよう」などと、譲歩できるようになります。

好きな相手を落とすには？——4タイプ別の恋愛攻略法

好きな人をどうやって落とすか？

好きな人をどうやって口説くか？

4タイプによって、有効な落とし方や口説き文句はまったく違います。

相手のタイプに合ったアプローチをすれば、効果絶大ですが、うっかり相手のタイプを見誤ると、実る恋も実らなくなるので気を付ける必要があります。

そこで、各タイプに最も有効な、タイプ別の「デート攻略法」「プレゼント攻略法」「プロポーズ攻略法」をご紹介します。

●デート攻略法

サイレンスタイプの相手をデートに誘うなら、派手なブランドものなどを身に着けていかないようにしましょう。

デート場所は、人の多いゴミゴミしたところではなく、**安心してくつろげる静かな公園や、落ち着いた雰囲気の喫茶店がおすすめです。**

ただし、サイレンスタイプは安心安全第一主義なので、公園に行っても、池のボートに誘ったりするのはやめましょう。

また、**サイレンスタイプはおしゃべり好きではないので、相手のことをもっと知りたいとあれこれ質問攻めにするとドン引きされます。**デート中は、口数を少なめにして、相手がほっと安心できるような優しい微笑みを絶やさないようにすると、相手のあなたへの好意が増します。

パーフェクトタイプをデートに誘うときは、**デザイン性の高いお洒落なスペースや、ハイクラスな三ツ星レストラン、ドラマティックな劇場などがおすすめです。**大衆的な居酒屋などに連れていこうものなら、即不機嫌になります。

デート中は、**相手のセンスのよさをほめると機嫌がよくなり、話も弾みます。**

パーフェクトタイプは「目がキレイだね」などと容姿をほめても喜ばないので、洋服や髪型といった持ちものに対する審美眼の高さや、相手が傾倒しているものに対して、その趣味のよさほめるのがポイントです。

エンジョイタイプをデートに誘うなら、**遊園地やテーマパーク、カラオケ、ボーリング場など、子どものようにアクティブにワイワイ楽しめる場所がぴったりです。**

エンジョイタイプは好奇心がとても旺盛なので、興味を引く話題を投じると、会話がポンポン弾んで盛り上がります。

食事も話題性の高い人気カフェや、珍しい料理が楽しめる店に連れていくと、目を輝かせて喜びます。

ウィナータイプをデートに誘うときは、**相手のスケジュールを確認して、できるだけ効**

率よく動けるような日時や場所を設定しましょう。

デート場所も、そこに行くことで何か学べるなど、相手の役に立つ場所を選ぶと、食いついてきます。

デート中は、**目的地に向かうのにウロウロ迷ったり、ムダな寄り道をするなど、効率の悪い動き方をするとゲンナリされます。あらかじめきちんと下調べをして、ムダのない動きをすることが重要です。**

デート中に会話するときは、「その生き方、素晴らしいですね。尊敬します」などと、相手の生きざまをことごとくほめ称えると、心をぐっとつかまれて、コロリと落ちます。

●**プレゼント攻略法**

サイレンスタイプにプレゼントをするときは、派手なブランドものや、分不相応に高価なものをあげても、そもそもそうしたものを身に着ける趣味がないので、まったく喜びません。

色味もデザインも地味だけれど、**長く役立つ実質的なアイテムや、気持ちがほっと安らぐようなものを好みます。**

もしサイレンスタイプに花束をあげるなら、カスミソウにふわっと包まれたスイートピーのように、淡い色彩の優しい花束がおすすめです。

パーフェクトタイプにプレゼントをするときは、センスが問われます。

デザイン性が高く、ファッショナブルなものをあげると、そのセンスに惚れられますが、逆に**どんなに機能的に優れていても、見た目がイケていないものをあげると、「この人はセンスが悪いからダメ」という烙印を押されてしまいます。**

ブランドものも、ありふれた品ではなく、知る人ぞ知るもののほうが喜びます。

パーフェクトタイプは**1点豪華主義**なので、セットではなく、高品質でハイセンスなものを1点、ドーンとあげるのが効果的です。

もしパーフェクトタイプに花束をあげるなら、大輪の薔薇やカサブランカ、カラーなど、スーッと長い洗練された花束がおすすめです。

エンジョイタイプにプレゼントをするときは、蛍光色など鮮やかな色使いで、明るく元気で遊び心のある楽しいものがおすすめです。

スイーツをあげるとしても、**1点豪華な高級ショコラなどより、色とりどりのマカロンやさまざまな味のキャンディなど、あれこれ詰め合わせになっているセット**のほうが喜びます。

もしエンジョイタイプに花束をあげるなら、いろいろな花をカラフルに組み合わせたラウンドタイプのかわいい花束がおすすめです。

ウィナータイプにプレゼントをするときは、その人に必要かどうかがポイントです。**どんなに高価な有名なブランドものでも、自分に必要がないと判断すれば、ウィナータイプにとっては「ゴミ」です。**

プレゼントをあげても、ゴミ認定されてしまえば、捨てられてしまったり、「これもらったんだけど、要らないからあげる」といって誰かにあげてしまう可能性大です。

ウィナータイプにプレゼントをするなら、その人がほしがっているものを事前に聞いてからあげるほうが間違いありません。

ウィナータイプは男女ともいずれ枯れてゴミになる花を飾ることを好まないので、花束をあげるとしたら、花束より長持ちする鉢植えがおすすめです。

ただし、移動する際に邪魔になるようなものは、どんなに高価でもゴミ認定されます。

その場合は、花屋さんのチケットを上げたほうが合理的に使えるので喜ばれます。

●プロポーズ攻略法

サイレンスタイプにプロポーズするなら、安心できる家庭生活をほのめかす言葉が効果的です。

「一緒にいて、ほっとできるような家庭を作っていきましょう」

「私がしっかり家計を見て、老後のためにも貯金もちゃんとして、家庭を計画的に築いていきます」

パーフェクトタイプにプロポーズをするなら、結婚してもその人のリズムを妨げず、尽くすことが伝わるような言葉が効果的です。

「お互いに干渉しすぎず、それぞれの好きなことをリスペクトしあえる家庭にしていきましょう」

「新居のインテリアにもこだわって、結婚しても、素敵なお店でデートしたりしましょう」

エンジョイタイプにプロポーズをするなら、ハッピーで楽しい家庭生活を全面にアピールした言葉が効果的です。

「毎日、笑顔いっぱいの生活をふたりで思いっきりエンジョイしましょう！」
「子どもをたくさんつくって、いろんなところに遊びに行って、ワイワイ楽しい家族を作っていきましょう！」

ウィナータイプにプロポーズをするなら、相手が男でも女でも、相手を1番に立たせた言葉が効果的です。

「あなたの生きざまに惚れました」
「あなたに一生着いていきたい」

プロポーズの殺し文句は、相手のタイプを間違えるとかえって逆効果なので、くれぐれも相手を見極めて使うようにしましょう。

好きじゃない相手の誘いをうまく断る方法

好きな相手からの誘いはウエルカムでも、好きじゃない相手から誘われたり告白された場合、その断り方のコツもタイプによって異なります。

サイレンスタイプからの誘いを断る場合、「私はパーティでいろいろな人と話すのが好きだから、それに付き合ってね」とか「デートは1日有意義に過ごしたいから、分刻みであちこち動くからね」などと、**保守的で振り回されるのが苦手なサイレンスタイプが嫌いそうなことをほのめかしましょう。**

そうすれば、「今は好きだけど、長い目で考えたらこの人と付き合うのは、ムリだな」と冷静に判断して、おとなしく身を引いてくれます。

パーフェクトタイプの誘いや告白を断るときは、「私はあまりセンスがないので、あなたのようにセンスのいい人とは釣り合わないと思います」というと、「一緒にいて恥ずかしくなるような状況は避けたいかも」と考えて、あきらめてくれます。

パーフェクトタイプに呼び出されても、**あえてぱっとしない格好で会いに行けば、100年の恋もいっぺんに冷めて、2度と誘ってこなくなります。**

エンジョイタイプの誘いを断る場合、**「お互いにお友だちでいたほうが、きっと楽しいと思う」と伝えるだけで十分です。**

優柔不断で、飽きっぽいエンジョイタイプは、そのときの感情の盛り上がりで誘ったり告白したりしてきますが、ひとりの相手にさほどこだわらないので、**断っても次の日には何ごともなかったように、友だちとして快活に接してくれます。**

ウィナータイプからの誘いや告白に対しては、「もう少し考えさせて」などと言葉を濁して答えを先送りにするのはＮＧです。

なぜなら、ウィナータイプはそれを〝乗り越えるべき課題〟ととらえ、「この人をもっと自分に振り向かせるには、何をどうすべきか」と策を練って、グイグイ迫ってくる可能性があるからです。

曖昧な返答ではなく、「好きな人が他にいます」などと明確な理由を告げて断るほうが、潔くスパッとあきらめてくれます。

このタイプは自分が１番でないと気が済まないので、恋敵に敗北する悔しさで内心にえたぎっていますが、その悔しさを自分を成長させる燃料にします。

また、このタイプは人間性を重視するので、「お付き合いはできないけど、あなたのことは人として尊敬しています」とリスペクトすると角が立ちません。

タイプ別
誘われたときの断り方
パーフェクトタイプ
これはムリぽ
センス無さすぎ
サイレンスタイプ
…してよね
…しないで
当然でしょ
エンジョイタイプ
つぎ行こ!
オッケー
友だちのほうが楽しいと思うの
ウィナータイプ
バイバイ
ほかに好きな人がいるのー
もっといい男になってやるっ!

ハネムーンの計画を立てるときは？

晴れて結婚が決まり、ハネムーンの計画を立てるときも、４タイプはそれぞれ志向や行動パターンが異なります。

サイレンスタイプがハネムーン先を選ぶときは、パンフレットやインターネットなどを駆使して詳細に調べ、値段の違いなどもすべて比較します。

その結果、たとえば「バリ島に行きたい」と決めたら、「タイやマレーシアにもいいリゾートがありますよ」などとスタッフがお勧めしても、頑として行き先を変更しません。

しかし、パートナーに「やっぱりハネムーンはハワイでしょ」などといわれると、内心気乗りしなくても、波風を立てたくないので「じゃあ、ハワイでいいよ」と譲歩します。

本音と裏腹な行動ができるのは、ハネムーン先を本音で楽しんでいるとは限りません。サイレンスタイプならではの特徴ですが、相手に素直に従ったからといって、

サイレンスタイプがだんだんしゃべらなくなってきたら、密かにストレスを溜めている証拠なので、相手のペースに合わせる気遣いが必要です。

パーフェクトタイプがハネムーンプランを考えるときは、自分がいいと思った旅行プランにケチをつけられるのがイヤなので、相手に提案させるように話を持っていきます。

ただし、センスがない場所や、ラグジュアリー感がないなど、**自分のお眼鏡に適わない旅行プランだとあっさり拒否し、「ハワイみたいな定番のところより、南仏のリゾートのほうがいいいな」などど、パートナーがどうしたいかより、自分のいい分を優先させます。**

パーフェクトタイプはとても心配性なので、「ちゃんと予定通りに行けるかな？」「テロとか大丈夫かな？」などと心配し過ぎて、手続きや予約がギリギリになる傾向がありまず。

このタイプと旅のプランを考えるときは、不安感を払拭するようにフォローしてあげるのがポイントです。

エンジョイタイプは、好奇心旺盛で楽しいことが大好きなので、わいわいハッスルできるテーマパークや、オプションの豊富な旅行プランが大好きです。

ただ、優柔不断で気まぐれなので、旅行会社のスタッフにいろいろ勧められると、「ロンドンもいいし、パリもいいいし、ローマにも魅かれるなあ」などと迷いまくります。

行き先を決めても、他のパンフレットやネット情報などを目にすると、「本場のディズニーリゾートでミッキーに会うのもいいね！」「タヒチとかモルディブの水上コテージにも泊まってみたいな～！」などと気が変わり、**最終決定まで何度も変更する可能性大です。**

エンジョイタイプにプランを任せると、**好奇心に任せてあれこれぎっしり盛りだくさんの旅程になりがちです。**

そのため、旅先ではのんびりふたりで過ごす時間がとれず、お土産を買う時間すらなくなって、慌てて帰りの空港で用意するはめになったりします。

エンジョイタイプとハネムーン計画を立てるときは、あまり早くから決めてしまわず、旅程にあえて余白を設けるようにするのが得策です。

ウィナータイプがハネムーンを計画する際は、旅行会社の手慣れたスタッフに見積もりを出させたりして、比較検討しながら、自分と相手の好み、予算、移動の時間配分などを考慮して、合理的な旅行プランを作成します。

旅先では、自分の選択や行動には確固たる自信があるため、旅行会社のオプションプランなどに頼らず、自分のペースでサクサク行動します。

事前に最速最短の交通機関なども調べてあり、動きにムダがありません。上司や親せきなどへのお土産も、事前にチェック済なので、旅先で効率よくゲットします。

段取り抜群なだけに、**パートナーが「このお店も見てみたい」「ここも面白そうだから、**

寄っていきたい」などと不用意に計画を乱すと、「飛行機に間に合わなくなるよ！」などとイラっとしがちです。ただ、パートナーが喜ぶためなら、Aに立ち寄る代わりに、B計画を適宜変更する実行力も持ち合わせています。

旅先で仲よく過ごすには、ウィナータイプに下駄を預け、ナビゲーションを任せるのが得策です。

ケンカをしたときに仲直りをするコツ

もしケンカをした場合、パートナーのタイプによって反応がまったく異なるので、それぞれ上手な対応のコツを心得ておきましょう。

サイレンスタイプのパートナーとケンカすると、一切話さなくなります。自分の部屋に閉じこもってしまったり、どんなに「ごめんね」と謝りの連絡を入れてもスルー状態で、うんともすんとも反応しなくなる可能性大です。「本当にごめんなさい。やっぱりあなたがいないと辛いです」などと懇願しても、感情にほだされることなく、貝のようにかたくなに沈黙し続けます。

このタイプは、すぐに決着を迫られることも、**意にそぐわないことに異論を唱えるのも苦手なため、ダンマリを決め込むことで無言の抵抗をするのです。**

サイレンスタイプのパートナーと仲直りするには、少し時間をおいてから、穏やかに、かつ何を反省しているかをきちんと話して誠実に謝罪しましょう。

争いを好まないサイレンスタイプは、本心では許していなくても、謝罪を受け入れてくれることがあります。ただし、完全に仲直りしたと思って調子に乗ると、溝が深まって修復できなくなるかもしれないので気を付けましょう。

パーフェクトタイプのパートナーとケンカをすると、完璧主義者なので自分のほうに非があると思われるのをとにかくイヤがります。

そのため、「そもそもあなたが悪いんだからね」などと、**相手に責任転嫁をすることで、その問題から逃げようとします。**

パーフェクトタイプは普段は静かな話し方をしますが、ケンカしてせっぱ詰まると、急に早口になったり、多弁になったりします。

また、**自己中心的なので、「なんでわかってくれないの?!」と、相手が自分の思いを察してくれないことにイライラします。**

パーフェクトタイプのパートナーと仲直りするコツは、たとえ相手が100%間違っていても「君が悪い！」と理詰めで責め立てず、「イヤな思いをさせてごめんね」と、ケンカして不快な気分にさせたことについて、まず謝ることです。

さらに、**その代償として何か気の利いたものをプレゼントする**と、「ちゃんと自分のことを大切に思ってくれている」と、誠意を感じて仲直りしてくれます。

エンジョイタイプのパートナーとケンカをすると、いきなり瞬間湯沸かし器のように、「絶対に許せないっ！」などと感情をむき出しにして怒りまくります。

そのときは、大声で泣きわめいたり、「もう別れる！」「出ていく！」などと極端な発言をして、その場から鉄砲玉のように飛び出してどこかに行ってしまいます。

けれど、しばらくして戻ってきたときには、「さっきはなんであんなに腹が立っていたんだろう」などと、人が変わったようにケロッとしています。

エンジョイタイプのパートナーと仲直りをするコツは、**感情が収まってきたときに**、「さっきはごめんね」と素直に謝り、「今夜は、ワイン買ってきてパーっと飲もう！」などと、**楽しい話題に転換すると、「まいっか」と笑ってすべてを水に流してくれます。**

このタイプとケンカしたときは、**初期段階の興奮状態のときにあまり動揺せず、嵐が過**

ぎ去るのをしばし待つのがポイントです。

ウィナータイプのパートナーとケンカしたときは、ただ待っていても解決しません。**「自分は絶対に間違っていないからね」と完全に居直り、相手に「ごめんなさい」と謝罪させるまで、とことん理詰めで原因追及してきます。**

ウィナータイプは、「そのときに勃発した問題は、そのときにスッキリ片づけてしまいたい」と考えるので、相手がいい逃れをすればするほど、ベテラン刑事のように追及の手をゆるめず、相手が非を認めるまでとことん追い詰めてきます。

その追及を逃れたくて、「ごめんごめん、心から反省しているからもう許して！」などと懇願しても、「何をどう反省しているの？」と、ごまかされません。

ウィナータイプのパートナーと仲直りをするコツは、**決して間を開けず、衝突したときに「自分のこの行動が間違っていました。ごめんなさい」と、明確な理由を述べて謝るのがポイントです。**

タイプ別
ケンカ後の
対処法
パーフェクトタイプ
サイレンスタイプ
エンジョイタイプ
ウィナータイプ
あなたの気持ちを考えてなくてごめんなさい
おわびのしるし…
P
すまん俺が悪かった
許せないけど受け入れておくほうが無難かも
S
さっきはごめんね〜
いいよー
ゆるすー
まあいっか
E
お怒りの理由を真剣に考えました二度とないように注意いたします！
W

もし相手が浮気をしたら？

浮気や不倫はどの気質タイプもする可能性があります。

ただ、パートナーに浮気をされたとき、４タイプの反応はそれぞれまったく異なります。

サイレンスタイプは、観察力に長けているので、浮気にもすぐに気付きますが、ことを荒立てるのを嫌うので、すぐに騒ぎ立てたりはしません。

だからといって、「きっと気付いていないんだろう」などとたかをくくっていると、後で取り返しのつかないことになります。

サイレンタイプは、**忍耐の限界に達すると、ある日突然荷物をまとめて出ていってしまったりするからです。このタイプがいったん「別れる」と決めたら、その決意はまずくつがえりません。**

サイレンスタイプは顔に出さなくても、心の中で泣いていることがあるので、我慢の限界に達する前に、気付いてあげるようにしましょう。

パーフェクトタイプは、相手の浮気が発覚すると、明らかに不機嫌な様子になります。

だからといって**あからさまに攻撃的な言動に出るわけではなく、心に負った傷を別の代**

償で補ってもらおうとします。

「傷つけて申しわけない。お詫びにこのお金で旅行にでも行って気晴らしをしてきて」などと**見返りを提示すると、それで納得してくれる場合があります。**

離婚訴訟に発展した場合も、そこに至った過程を追求するより、慰謝料がいくらもらえるかを重視します。

パーフェクトタイプの配偶者がいる場合、浮気をするなら、しかるべき慰謝料を覚悟しておく必要があります。

エンジョイタイプのパートナーが相手の浮気を知ったら、子どものようにワーワー泣き叫んで駄々をこね、「ひどい！」「最低！」と相手を激しく非難します。

そこで逆切れせず、しおらしくうなだれた後、「傷つけてごめんね！　本当に愛しているのは、○○ちゃんだけだよ！」などと**感情たっぷりに謝って愛していることをアピールすれば、ケロリと忘れて気持ちをリセットしてくれます。**

もし浮気が原因で離婚したとしても、最初はションボリしょげていていますが、立ち直りが早く、すぐに次の相手を見つけます。

ウィナータイプのパートナーに浮気がばれた場合は、ことはそんなに簡単には済みません。**浮気が発覚した時点で逆鱗に触れ、裏切った相手も、浮気相手も、絶対に許しません。このタイプは、人として許せないことには徹底的に戦うので、あらゆる策を講じて復讐してきます。**

といっても、単に感情にまかせてののしったり暴力を振るうというより、裏切った相手が最もダメージを受けるような手段を選んできます。

ウィナータイプの配偶者がいる人は、「軽い火遊び」のつもりが「一生の身の破滅」につながる危険性があることを、くれぐれも肝に命じておきましょう。

あとくされなくきれいに別れる方法

サイレンスタイプに別れ話を切り出すときは、感情的に話すのではなく、なるべく静かにゆっくりと、別れる理由をきちんと説明して、「別れるのが最もいい選択肢なんだ」と冷静に判断してもらうようにしましょう。

このタイプは**安心安全第一主義なので、「別れたがっている人といても、安心できない」と思うと、「一緒にいる理由がない」と考えて、別れを淡々と受け入れてくれます。**

パーフェクトタイプに別れ話を切り出すときは、**「一緒にいると、あなたに迷惑がかかったり、問題が生じるかもしれない」**と伝えましょう。

このタイプは**心配性で問題回避をしたいので、付き合っていることを悲観的に考えて、別れ話に同意します。**

エンジョイタイプに別れ話を切り出すときは、**「お友だちに戻りましょう。そのほうが、お互いに今よりもっと楽しくいられると思う。ありがとう」という言葉に尽きます。**

そうすれば、頭の回転も良く、楽天的なエンジョイタイプは、いつまでもグズグズ引きずらず、すんなり友だちに戻ってくれます。

ウィナータイプに別れ話を切り出すときは、**理由を明確に述べることがポイントです。離婚訴訟になった場合も、ウィナータイプは離婚に至るまでの因果関係にこだわるので、**そこをすっ飛ばして「別れる理由なんてどうでもいい。とにかくもうおしまいにしよう」と感情的に幕引きを図ろうとしても、なかなか離婚が成立しません。

「一緒にいることが、お互いの目標達成の足かせになっている」

「別れて、それぞれの力を伸ばし、試すべきときだと思う」

「愛情というより、よきライバルとしか思えなくなった」

などと、相手を頭ごなしに否定せず、**互いに一緒にいることのデメリットについて論理的に言及すると、別れ話を潔く飲みます。**

失恋したときの立ち直り方

もし失恋したら、その反応と立ち直り方も、タイプによってそれぞれ違います。

サイレンスタイプは、パートナーに「別れよう」といわれると、別れたくなくても、しつこくすがったり、うらみごとをいったりせず、おとなしく承諾します。

別れた直後は、新しい環境や状況になかなかなじめず、自分の殻に閉じこもったりすることがありますが、しばらくして、徐々に環境に適応してくると、「今の状況で自分は何をすべきなのか」ということを冷静に考え始めます。

置かれた状況を自分なりに納得して理解すると、その中で自分の生き方を守ろうという方向に向かうので、元カレや元カノへの未練はなくなります。

元カレや元カノとの思い出の品についても、感傷的になって全部捨てたりせず、「これは元カレとペアで買ったマグカップだけど、丈夫で使い勝手がいいから、これはこのまま

タイプ別　失恋からの立ち直り方
サイレンスタイプ
直後
この先どうしていこう…
半月後…
手紙とかいらなーい
いいモノは取っておこうかな…
ウィナータイプ
見返してやるっ！
魅力UP
資格取得
ダイエット
経済力UP

パーフェクトタイプ
直後
なんで…なんで…?
この俺がフラれるなんて…
3ケ月後…
…彼女は大丈夫かな
本当は別れたくなかったはずだ
かわいそうに!
タイプ別　失恋からの立ち直り方
あーっ!
フラれたー
キィ～
今から飲み会?
行く行く～場所どこ～?
エンジョイタイプ

使おう」などと冷静に取捨します。

パーフェクトタイプが失恋した際は、「なんで私がこんな目に遭わなきゃいけないの!?」などと自分の思い通りにならないことに過剰に反応し、長い間、悶々と悩みます。

このタイプは**自己中心的なので、「別れることになったのは自分のせいでなく、周りのせい」と考え、別れても相手のことを思いやったり、世話を焼いたりすることがあります。**

もし新しい恋人が現れても、元カレや元カノの写真や思い出の品を捨てずに、戸棚の奥に密かに大事にしていたりします。

エンジョイタイプは、失恋したときは大ショックを受けて、激しく動転し、泣き叫んだり、ゲッソリ落ち込んだり、目も当てられない状況に陥ります。

しかし**立ち直りが非常に早く、短期間で元気を取り戻します。**

また、失恋当初はふたりの思い出の品を「もう全部捨ててやるっ!」と放り出しても、しばらく経つと、「あれ、どこに行ったっけ?」と拾い出して、しれっとしてまた使い始めることも珍しくありません。

別れても、相手のことを友だちだと思っているので、恋の終わり=縁の切れ目ではありません。ただ、新しいパートナーの前でも、平気で元カレや元カノと親密なコミュニケーションを取ったりするので、浮気を誤解されることがあります。

ウィナータイプが失恋したときは、**ふられた悲しみに暮れるより、ふった相手に対して「必ず見返してやる」という気持ちが強くなります**。

そのため、ふられた時点で愛情はキッパリなくなり、２度と連絡をすることもなく、２ショット写真などもいち早く処分します。

ふたりの思い出の品についても、感傷に浸って涙ぐんだり壊したりすることもなく、「モノに罪はない」と考えて淡々と処理します。

ウィナータイプは、「３年後に、逃した魚は大きかった……と元カレ（元カノ）が後悔するような人間になろう」などと、自分をふった相手を見返す時期を具体的に**目標設定し、計画的に自分磨きをします**。そのため、失恋を糧にして、より人間的に成長します。

復縁したいときのアプローチ術

サイレンスタイプの相手は頑固な面があるので、別れてすぐに復縁するのは至難の業です。

じっくり時間をかけ、困っているときにさりげなくフォローしてあげたり、メールなどで相手のことをやんわりほめたりすると、「この人は自分のことをわかってくれている」という**安心感を覚え、徐々に距離が縮まって復縁できる可能性があります。**

ただし、強引に復縁を迫ると、警戒されて連絡が途絶えてしまうので気を付けましょう。

パーフェクトタイプと復縁したいときは、相手の苦手な局面でさりげなく手を差し伸べるなど、**献身的に守ってくれる相手であることをアピールする**と効果的です。

「あの人素敵だよね」と第三者に自分のことを持ち上げてもらうと、パーフェクトタイプは「あの人はやっぱり素敵なのね。周りから素敵だと思われる人と一緒にいる自分も素敵だよね」と考えて、復縁に前向きになります。

エンジョイタイプと復縁したいときは、「もう1回、付き合ってみない？」と、冗談めかして明るくサバサバと声をかけてみましょう。

脈があれば、最初はグループで遊びに行く機会を設けて、「ねえ、○○のファンだったよね。今度の新曲いいよね！」などと相手の興味を引く話題をポンポン投げかけます。

楽しい会話の端々で、今も好意があることをアピールすると、エンジョイタイプは情にほだされてどんどん心が動きます。

ウィナータイプは、１度決別すると、基本的に復縁は極めて困難です。**唯一の方法は、相手が男性でも女性でも、リーダーとして、相手を守るべき存在であると再認識させることです。**そのためには、まず「仲間」となることから始めます。

ウィナータイプは、「この人と一緒にいると、自分はさらにがんばれるかも」と思えると復縁も視野に入ってくる可能性があります。

もし関係がこじれて相手がストーカー化したら？

サイレンスタイプは感情にあまり左右されませんが、もし関係がこじれてストーカー化してしまった場合、**密かに相手のＳＮＳをチェックして行動を把握するなど、スパイのようにこっそり観察します。**

ときには相手と同じものを持ってみたり、同じものを食べてみたりもします。**相手の前に堂々と現れることはありませんが、頑固で辛抱強いので、ストーカー行為は長期にわたって継続する可能性があります。**

パーフェクトタイプのパートナーと関係がこじれてしまったら、**相手の家や職場の前で**

ただ立って待っていたり、思い込みの激しいプレゼントを贈ったりする場合があります。

後をつけ回したり、攻撃的な行動をすることはありませんが、自己中心的で感情に過剰にゆさぶられやすいので、パーフェクトタイプのプライドを傷つけたり刺激するような言動は控えるのが賢明です。

エンジョイタイプのパートナーの場合、関係がこじれても基本的に「みんな友だち」と思っているので、相手に拒絶されたことを忘れて、急に電話をかけてきたり、平気で飲みに誘ってきたりすることがあります。

ただ、**飽きっぽいので、一緒にいても楽しくない相手であれば、ストーカーのようにしつこくつきまとうこともありません。**

ウィナータイプのパートナーは、関係がこじれても、相手に対してムダに感情的になることはなく、必要以上に執着することもありません。

ただし、このタイプに**後ろ足で砂をかけるような行動をすると、倍返しで復讐するまで、絶対に引きません。相手が2度と立ち直れなくなるように、用意周到に戦略を練ります。**

このタイプに憎まれると逃れようがないので、恨みを買うような裏切りはご法度です。いかなるときも道理を重んじ、相手の人間性を尊重した行動をとることが大切です。

倦怠期になったときのマンネリ脱却方法

恋人関係や夫婦関係が倦怠期に突入してしまったとき、相手のタイプによってマンネリ脱却方法が違います。

サイレンスタイプのパートナーは、**頑固で大きな変化を嫌うので、そのときに気に入っているものや、好きなものを調べて、さりげなくプレゼントしてあげましょう。**

そして、「これからもずっと一緒に、穏やかに過ごしていこうね」と伝えます。それによって「私の望むものをちゃんと理解して、安心できる環境を作ってくれる人なんだ」と再認識してもらえます。

パーフェクトタイプのパートナーと倦怠期になったときは、**とびきりラグジュアリーなレストランを予約し、ふたりでビシッとお洒落をしてデートしましょう。**

さらに、相手が欲しがっていたブランドのプレゼントも用意していくと、退屈なアンニュイモードから一転して、気分がアガります。

「あなたのような素敵な人と一緒にいられて、とてもうれしい。いつまでも輝けるふたりでいるために、がんばるね」と伝えると、パーフェクトタイプは「**自分のために尽くして**

くれる素敵な相手だな」と感じて、改めて惚れ直します。

エンジョイタイプと倦怠期になったときは、**派手なアトラクションやお化け屋敷のあるテーマパークなど、非日常的な場所で、思いっきり楽しみましょう。**

「これからも、ふたりで、ワクワクすることをたくさん見つけていこうね」と、ふたりの未来に楽しみが次々に現れることを予感させると、マンネリモードからワクワクモードにスイッチできます。

ウィナータイプと倦怠期になったときは、「夏休みは富士山に登って、一緒にご来光を見よう」とか、「3年後にはマイホームを建てよう」などと**新しい共通目標を掲げ、その目標を達成するために、ふたりであれこれ計画を考えましょう。**

目標達成したあかつきに、ふたりでやってみたいことなどを話すと、モチベーションが上がって、マンネリ状態にいい刺激が生まれます。

へこんだ相手の効果的な励まし方

サイレンスタイプのパートナーがへこんでいるときは、**言葉少なに相手を安心させてあ**

げましょう。

「そばにいるから、一緒にがんばろうね」

というと、パートナーが自分をそっと支えてくれていることに、ほっとして、サイレンスタイプのパートナーはへこんだ気持ちが癒されます。

パーフェクトタイプのパートナーがへこんでいるときは、不安を感じているポイントに言及して、**ネガティブな気持ちを払拭してあげましょう。**

「大丈夫だよ、何があってもあなたを助けるから」

と、自分を守ってくれる存在があることに気付くと、パーフェクトタイプのパートナーはへこんだ気持ちから解放されます。

エンジョイタイプのパートナーがへこんでいるときは、**とにかく明るく励ましてあげるのが１番です。**

「がんばって！」

そんな温かい励ましの言葉と笑顔で、「うん、がんばる！」と気持ちをぱっと切り替えることができます。

ウィナータイプは人前であからさまにへこむことがありません。

もしへこむような状況に陥っているときは、**相手を信じているということを伝えましょう。**

「あなたならきっとできる」

男女問わず頼るより頼られるほうが好きなウィナータイプは、自分を信じて着いてきてくれると思うと、「任せとけ！」と奮起して、今まで以上にがんばります。

いかがですか？　各タイプに合わせた対応をすることで、男女関係も劇的に改善することが可能なのです。

近年、日本では生涯未婚率が急増しており、２０１５年の国勢調査では50歳以上の男性の４人に１人、女性の７人に１人は生涯結婚しないというデータが出ています。

また、離婚件数も右肩上がりで、今や３組に１組が離婚しています。

離婚原因の多くは性格の不一致といわれていますが、気質学をベースにした恋愛コントロール術を身に付けることによって、気質の合わない人との結婚を回避することができ、円満な夫婦関係を築くことができます。

エピローグ

苦手な人を消してしまえる禁断の気質学

自分の周りから苦手な人や嫌いな人が魔法のように消滅する！

「そうか、あのときなぜ彼女が急にいなくなったのか、やっと謎が解けた！」

「なるほど！　だからあの人はあのとき激怒したんだな」

本書の冒頭で、「気質学がわかると、今までの人間関係の未解決事件がどんどん解決する」とお話しししました。

ここまでお読みいただいた読者のみなさんの中にも、自分の中でずっと不可解だった他人の言動やリアクションの意味がようやくわかったという人も多いのではないでしょうか。

自分と自分をとりまく人たちの気質がわからないというのは、大げさにいうと、暗闇の中を手探りでさまよいながら、自分自身がいったいどんな姿なのかも見えないまま、正体不明のモンスターたちと対峙するようなものです。

不用意なことをいって、相手を怒らせて攻撃されたり、よかれと思ってやったことで、逆に相手にドン引きされて逃げられてしまったり……。

互いの正体がわからなければ、コントロールのしかたもわからないので、そんな失敗がつきものです。

でも、**自分と自分をとりまく人たちの気質がわかると、自分が相手にどう見えているかを理解したうえで、相手のどのスイッチをどう押せばいいかがわかるので、うまくコントロールできるようになります。**

「あの人はどうしていつもネガティブなことばかりいって何もやらないんだろう」

と思っていた仲間を動かすやる気スイッチの入れ方がわかる。

「この子は何をやってもちゃらんぽらんだなあ」

と思っていた部下を手なずけるスイッチの切り替え方がわかる。

「頑固な部長にもっと認めてもらいたい」

と思っていた上司に一目置かれるスイッチの入れ方がわかる。

「この人になんとか振り向いてもらいたい」

と思っていた憧れの人に好感を抱いてもらえるスイッチの押し方がわかる。

そんな風に、マイナスやゼロをプラスにするスイッチの入れ方を心得ることができるようになると、ムダな摩擦や衝突がなくなって、互いの理解が深まるので、人間関係が劇的によくなります。

職場、夫婦、親子、恋愛、友人、ご近所、趣味のサークルなど、あらゆる人間関係が円満になると、それまでは「あの人はちょっと苦手だなあ……」「あの人は顔も見たくないほどキライ！」などと思っていた人と接するのがまったく苦ではなくなります。

苦手な人や嫌いな人が自分の周りにウヨウヨしていると、とてもストレスフルですが、気質学を活用すると、苦手な人や嫌いな人とも上手に渡り合えるようになるので、苦手意識や嫌悪感がスーッと消えてなくなります。

結果的に、自分の行く手を阻む苦手な人も、自分の人生をブルーにする嫌いな人も、魔法のように消滅してしまうのです。

相手を理解すると、相手も自分を理解しようと努めてくれるようになるので、ときには、苦手だったライバルが、信頼できる味方になったり、大嫌いだった人が、心を話せる無二

の友人になるなど、うれしい相乗効果が生まれることもあります。

プラスがプラスを呼ぶプラスの連鎖で人生が好転！

自分を取り巻く人間関係のパワーバランスが好転すると、とても生きやすくなります。

本書を何度も繰り返しお読みいただくと、さらに気質学の活用のしかたが身に付いて、相手が初対面でも、その人の言動や身なり、立ち居振る舞いから、「この人は、たぶんウィナータイプだろう」などと察することができるようになります。

相手のタイプを推定できれば、初対面でも的確なコミュニケーションを取ることができるので、プライベートでもビジネスでもきゅうくつな思いをすることがありません。

自分の所属するさまざまなコミュニティにおいて、プラスの人間関係を構築できるので、プラスがプラスを呼ぶプラスの連鎖によって、チャンスもぐっと増えるはずです。

さらに、家族や友人、職場の人とも気質学についてぜひ共有しましょう。

血液型などの占いでも、「私はA型だからちょっと神経質かも」「あなたはO型だからおっとりしているのかな」などと、互いのタイプをオープンにすることで、違いを認め合うことがあるように、**気質学のタイプもオープンにすることで相互理解に役立ちます。**

「私はサイレンスタイプだけど、あなたはエンジョイタイプだから、気質的にいろいろ合わない面があるけど、そこは互いに思いやって譲歩し合おうね」

「私もあなたもパーフェクトタイプだから、とても気が合うけど、彼はウィナータイプだから、地雷を踏まないように気を付けようね」

というように、**互いにタイプを知っていると、気質の違いからぶつかりやすい危険ゾーンと、折り合いをつけやすいポイントがわかるので、互いにリスクヘッジできます。**

実際に学生の胸に「サイレンスタイプ」「パーフェクトタイプ」「エンジョイタイプ」「ウィナータイプ」というバッヂを貼ってコミュニケーションしてもらったら、相互理解が深まって、関係性がよくなったという報告もあります。

第1章で、4タイプを「徳川家康」「明智光秀」「豊臣秀吉」「織田信長」の4人の戦国武将になぞらえてご説明しましたが、武将名でとらえてもいいでしょう。

「私は秀吉だけど、あなたは家康だから、あまりうるさくしないようにするね」

「君は信長だけど、彼女は光秀だから、あまりせっかちに押すと嫌われるかも」

そんな風に言い合うことで、人間関係が自然に円滑になっていきます。

自分の気質の強みを活かして、人間関係も人生も思いのままに！

本書の冒頭で、その人が育った環境によって、自分の本当の気質に気付かないまま生きていることがあるというお話をしましたが、私自身もまさにそうでした。

私が生まれた1960年代は、今のような少子化時代とは違って、2人以上の兄弟姉妹がいるのが当たり前でしたが、私は当時としては珍しい一人っ子でした。

そのため、お菓子を兄弟姉妹と取り合ったり、兄弟姉妹に負けじと自己主張するような経験もなく、周囲からとてもおっとりしたお嬢さん気質だと思われていました。

母の影響で3歳から日本舞踊を習い、祖母の影響で詩吟もたしなんでいたので、子ども同士でわいわいするのが苦手で、幼稚園にもわずか3カ月で行かなくなってしまいました。

小中学校時代も競争社会でガツガツするという感覚がまるでなかったので、受験勉強にも身が入らず、高校受験に失敗してしまいました。

「悔しい！」

私は今まで感じたことのない強い敗北感に襲われました。

それまでは、自分でも「私はみんながいうようにおっとりした人間なんだ」とずっと思い込んでいましたが、受験に失敗したショックによって、負けん気の強い本来のウィナータイプの気質がようやく覚醒したのです。

「負けるもんか！」

ウィナータイプは悔しさがバネになるので、今までにないほど発奮して勉強した結果、成績が一気に伸びました。

さらに、18歳のときには、幼少期から続けていた日本舞踊の師範にも昇格しました。

その人が生まれながらに持っている気質をフルに活かすと、本領を発揮できるので、大きな自信につながります。

卒業後は専門学校を経て、コーセー化粧品やワコールなど、幾つかの会社に転職しましたが、リーダーシップのあるウィナータイプの気質が買われて、どの会社でも、入社するとすぐにリーダー的な役割に抜擢されました。

ウィナータイプらしく旺盛なチャレンジ精神を発揮して、21歳のときに「ミス小樽」にエントリーし、グランプリに輝きました。

22歳のときにはカーレースに出場し、フルエントリーのドライバーとして女性初の優勝を果たしたこともあります。

その勢いで、大阪の日野自動車に転職したときは、日本初のバスを売るトップクラスの営業ウーマンとして雑誌や新聞にも取り上げられました。

さらに、密かに憧れていた美容師への転職を果たし、ウエディングや着付けコンテストなどに参加して、数多くの優勝杯を手にしました。

その後、美容師美容専門学校で教員養成の仕事を10年以上続ける中で、人材育成の研修依頼が急増したため、起業して人材教育会社を設立しました。

そこからさらなるステップアップを目指して40代のときに渡米し、NLP心理学創始者リチャード・バンドラー博士のトレーニングを受け、認定トレーナーとして活動してきました。こうしたさまざまなチャレンジを経て、現在は国際ライセンスマネージメント機構の代表理事として、性格分析である「気質学」を体系化させ、普及に努めています。

子ども時代は、おっとりしたお嬢さん気質でしたが、本来のウィナータイプの気質に目覚めたことによって、持ち前のチャレンジ精神と行動力を駆使して、多くの経験と実績を積むチャンスを得てきました。

もし私が、子ども時代のまま自分の強みに気付くことがなかったら、こんなにいろんなことにチャレンジすることもなかったでしょう。

大切なのは、どんな環境で育っても、自分本来の気質を知り、その強みを十分に活かすことです。

それによって、よりよい人間関係が築けるのはもちろん、今以上に自分らしい有意義な生き方ができるはずです。

気質学を仕事にもプライベートにもフル活用して、ぜひあなたの夢を叶えてください！

謝辞

本書を出版するにあたり、ご協力いただきました、宗行潔氏に、心より感謝申し上げます。私は、この気質学との出会いにより、本当の自分を知ることができました。だからこそ、今の自分があると思っております。また、この出版にご協力くださったすべてのみなさまに、深く感謝申し上げます。最後までお読みいただき、有難うございます。

Kaede

相手を思いどおりに操る４つの力
苦手な人を消してしまえる　禁断の気質学

2017年11月24日　第1刷発行

著者　井上　由美

出版プロデュース　株式会社天才工場 吉田浩
編集協力　早川愛　轡田早月
装丁　原田恵都子（ハラダ+ハラダ）
イラスト　金本康民

発行者　岡田剛
発行所　株式会社　楓書店
〒107-0061　東京都港区北青山1-4-5 5F
TEL 03-5860-4328
http://www.kaedeshoten.com

発売元　株式会社　サンクチュアリ・パブリッシング（サンクチュアリ出版）
〒151-0051　東京都渋谷区千駄ヶ谷2-38-1
TEL 03-5775-5192／FAX 03-5775-5193

印刷・製本　株式会社シナノ

ISBN978-4-86113-830-0